中国扶贫故事

脱贫攻坚
基金力量

——中国证券投资基金行业优秀脱贫攻坚故事集

中国证券投资基金业协会　编

中国财经出版传媒集团
中国财政经济出版社

图书在版编目（CIP）数据

脱贫攻坚　基金力量：中国证券投资基金行业优秀脱贫攻坚故事集 / 中国证券投资基金业协会编. --北京：中国财政经济出版社，2020.10

（中国扶贫故事）

ISBN 978-7-5223-0089-4

Ⅰ. ①脱…　Ⅱ. ①中…　Ⅲ. ①扶贫-研究-中国

Ⅳ. ①F126

中国版本图书馆CIP数据核字（2020）第182853号

总 策 划：蔡丽兰
策划执行：郁东敏　贾延平
责任编辑：郁东敏
封面设计：中通世奥
责任印制：刘春年
责任校对：徐艳丽

中国财政经济出版社 出版

URL：http：//www.cfeph.cn

E-mail：cfeph @cfemg.cn

社址：北京市海淀区阜成路甲28号　邮政编码：100142

营销中心电话：010-88191537

北京时捷印刷有限公司印刷　各地新华书店经销

787×1092毫米　16开　11.5印张　161 000字

2020年10月第1版　2020年10月北京第1次印刷

定价：56.00元

ISBN 978-7-5223-0089-4

（图书出现印装问题，本社负责调换）

本社质量投诉电话：010-88190744

编委会

序言

党的十八大以来，以习近平同志为核心的党中央作出一系列重大部署和安排，全面打响脱贫攻坚战，扶贫工作力度之大、规模之广、影响之深，前所未有，谱写了人类反贫困历史的崭新篇章。中国证券投资基金业协会（简称“协会”）在中国证监会、民政部的领导下，自成立伊始就高度重视扶贫工作，助力定点帮扶的山西省汾西县脱贫摘帽，统筹推进基金行业扶贫公益事业发展；引领基金行业积极践行社会责任，参与各项扶贫公益事业，为脱贫攻坚事业贡献了基金的力量。

在祖国的壮美河山上，有这样一群人，为了贫困地区的学生能有丰富的书籍资源，他们点亮“红蜡烛”；为了青海藏区的孩子实现艺术梦，他们建立“热梦科巴”；为了改善滇西贫困地区的办学条件，他们放飞“启明灯”；为了不让每个渴望知识的生命黯淡，他们捡回“蒙尘珍珠”；为了贫困地区的孩子健康生活，快乐成长，他们吹响“希望号角”……这样的故事还有很多很多，来自同一个群体——“中国基金人”。

20年来，以公募基金为代表的中国基金行业坚守本职、砥砺奋进，不仅为发展普惠金融、建设现代金融体系做出了重要贡献，还积极践行社会责任、服务国家脱贫攻坚战略，在教育、医疗、生态扶贫等方面取得卓著成效。2010年以来为扶贫公益事业捐助超过5亿元，惠及数百万人。以私募基金为代表的长期资本，为贫困地区的基础建设、民生工程提供有力的金融支持，并积极投身社会公益，服务贫困地区经济社会发展。截至2020年6月，在协会备案的扶贫方向私募产品73只，规模超过1 571亿元；在协会备案扶贫ABS产品33只，规模达179亿元。

为积极弘扬社会主义核心价值观，树立行业脱贫攻坚榜样，向全社会展示基金行业扶贫的故事、事迹，协会开展了向全行业征集扶贫故事的活动，并将征集到的50篇稿件汇编成册。希望通过一个个鲜活感人的案例，讲好基金行业服务国家脱贫攻坚战略、践行社会责任的故事，汇众志以致远、凝众力成一心，激励和鼓舞基金行业更加积极地投身国家扶贫公益事业，助力巩固脱贫攻坚成果，决胜全面建成小康社会。

中国证券投资基金业协会

2020年9月

目录

1 第一篇 专业扶贫

2 第二篇 公司扶贫

3 第三篇 人物扶贫

第一篇
专业扶贫

今年脱贫攻坚任务完成后，我国将有1亿左右贫困人口实现脱贫，提前10年实现联合国2030年可持续发展议程的减贫目标，世界上没有哪一个国家能在这么短的时间内帮助这么多人脱贫，这对中国和世界都具有重大意义。

——习近平：《在决战决胜脱贫攻坚座谈会上的讲话》(2020年3月6日)

党的十八大以来，中国证券投资基金业协会在中国证监会、民政部的领导下，坚决贯彻《关于发挥资本市场作用服务国家脱贫攻坚战略的意见》和《关于广泛引导和动员社会组织参与脱贫攻坚的通知》的要求，扛起责任、带头实干、广泛发动，引领基金行业践行扶贫公益责任，专业扶贫、精准扶贫，在以产业扶贫基金帮助贫困地区企业成长、助力贫困县产业发展方面和推动乡村振兴等方面积极探索，积累了不少行之有效的做法和值得推广的经验。

案例1：专业帮扶“汾西”模式

中国证券投资基金业协会（以下简称“协会”）自2016年起，对口帮扶国家级贫困县——山西省汾西县。根据汾西的县情、贫情，结合基金行业的专业优势，协会制定了“扶贫基金引领、肉鸡产业示范、光伏农场兜底”的帮扶规划，在汾西县、乡、村三级实施了产业扶贫、金融扶贫、消费扶贫、教育公益扶贫等16个帮扶项目，投入或引入资金超过6 000万元，帮助销售农产品1 000万元，直接帮助8 612户贫困户、23 741人实现脱贫（约占全县脱贫人口的60%），助力该县贫困发生率从2016年底的20%，下降到2019年末的0.4%，实现脱贫摘帽。

2018年初，以协会捐助的1 000万元产业扶贫资金为基础，汾西县政府的平台公司与山西证券合作，在汾西县设立山证投资为管理人的汾西启富产业扶贫基金，通过股权投资的方式，为汾西县重点产业的发展引入资本、管理和其他资源，助力汾西县委、县政府确定的肉鸡、玉露香梨等重点优势产业做大、做强，发挥产业扶贫功能，推动县域经济发展。

2019年，该基金投资汾西长晟科贸有限责任公司的鸡肉深加工项目，为企业注入250万元股本金，壮大了企业的资本实力，优化了股东结构，带来了投后服务及基金股东的更多资源支持。协会还帮助长晟科贸引入山证投资管理的山西中小企业创业投资基金，提供2 000万元可转债投资，解决了鸡肉深加工项目建设的启动资金问题。协会协调山西证券投行服务团队和国投创益、江苏高投专业团队等合作伙伴，协调整合资本市场各方专业力量，帮助企业梳理完善业务、财务、法务体系，规范内部治理，提升竞争力，以基金和资本的力量帮助贫困地区企业发展壮大。2020年初，长晟科贸肉鸡深加工项目已经初步建设完成并试运营，达产后将实现年产值4.65亿元、利税4 300万元，直接创造600个就业岗位，其中优先安排300个建档立卡贫困户就业，辐射带动近3 000人致富奔小康。

案例2：贵州绿色产业扶贫投资基金

贵州绿色产业扶贫投资基金遵循“政府主导、企业主体、市场运作、风险可控、服务脱贫”的原则，按照“强龙头、创品牌、带农户”的思路组织实施。政府通过财政出资、明确投资方向、界定投资对象等方式发挥主导作用。

贵州绿色产业扶贫投资基金首期规模（以下简称“首期投资基金”）初设138亿元，全部为财政性资金出资，省和市县出资比例分别为：13个财政困难县为6∶4，贵阳市及所属县（市、区）、贵安新区为2∶8，其余市县为4∶6。后续基金规模及出资比例根据投资对象及其属性另行规定。

首期投资基金的投资方向为能够带动农户增收、符合绿色产业标准的一、二、三产业，投资项目在满足产业发展“八要素”要求的基础上，重点投向短中期相结合、产业链条长、带动农户增收快和可持续发展的茶叶、中药材、食用菌、优质草、农旅一体化、大健康、生态水产、干果等产业。

首期投资基金的投资对象主要为贵州省境内注册和纳税的、能够带动绿色产业发展和农民增收、就业、脱贫的企业。受资企业应建立与建档立卡贫困户的利益联结机制，采取“企业+合作社+农户”、安排建档立卡贫困户在该企业就业、与贫困户或合作社进行股权合作等方式带动贫困户脱贫。

贵州绿色扶贫产业基金是国内比较有代表性的省级产业扶贫基金，明确规定了采用有限合伙基金形式，委托贵州金控集团旗下专业私募股权投资基金管理公司来管理。省级母基金再与各地市成立子基金，每个子基金在投资时又通过投贷联动方式撬动当地银行提供配套信贷资金，这样省级产业扶贫基金可以实现资金杠杆效应，有力地推动了贵州省产业扶贫。

截至2019年8月，该基金已投资基金项目476个，投资基金278亿元，扶持企业613家，其中，国有企业161家，民营企业236家，培育本土企业110家，引进大型龙头企业30家。依托投资基金，贵州新增蔬菜种植面积60.52万亩，茶叶28.15万亩，食用菌2.22亿棒，中药材9.13万亩，生态家禽0.57亿羽，共带动30.47万户、88.85万人持续增收。其中，带动建档立卡贫困户9.52万户28.35万人脱贫。

案例3：盛世投资通辽肉牛扶贫母基金

2017年，通辽市有4个国家级贫困旗、2个自治区贫困旗和4个自治区级革命老区，贫困人口达3.5万人，贫困人口多，贫困面广，贫困人口相对集中，是整个内蒙古自治区脱贫攻坚的重要战场。

与此同时，通辽当地有丰富的肉牛资源和草原生态环境，享有“中国黄牛之乡”美誉。肉牛养殖是通辽地区的优势主导产业，也是农牧民收入的重要来源。

肉牛基金于2017年设立，由政府指定的内蒙古自治区级国企、通辽市级国企共同出资，同时撬动产业资本参与设立，由国内著名的市场化母基金管理公司盛世投资负责运营管理。基金总规模2亿元，其中社会资本出资1亿元，由母基金投向子基金或项目制基金，支持通辽肉牛产业链上下游有序发展。

肉牛基金通过协调扶贫目标与市场资源配置，打造出典型的“扶贫产业母基金+龙头企业项目制基金+区域优势资源+新型农牧业经营主体和农户”的扶贫模式，力图实现经济效益、社会效益和生态环境效益共赢。

肉牛基金采用股权投资方式，大力支持通辽肉牛产业可持续发展。在具体实践中，肉牛基金重点支持龙头企业发展，带动牧场、养殖场、农户等中小养殖户扩大养殖规模，为当地农牧民解决生产经营中的资金和技术困难，使发展肉牛产业成为农牧民脱贫致富的重要手段。

盛世投资通过设立项目制基金，重点支持龙头企业发展，完善肉牛产业上下游基础设施建设，促进肉牛产业标准化、规模化、专业化、品牌化发展，提高市场竞争力。经济效益层面，肉牛基金已投资了伊赛、洪泰与牧歌三家优质龙头企业，肉牛存栏量将增加9 000头，青储饲料种植面积将增加4 000亩，三家肉牛养殖企业的年产值预计可增加2亿~4亿元。社会效益层面，三家龙头企业在肉牛基金的支持下不断发展壮大，带动周边养殖大户和农牧户的发展，为当地创造就业机会和工作岗位，并有效提升了农牧民对肉牛养殖和饲草种植的积极性。该基金预计将带动5 000户左右脱贫，平均每户年纯收入将增加1 500元。

通辽肉牛母基金是针对贫困区某个特色或优势产业而设立的产业扶贫基金，通过把有限的基金聚焦于当地优势龙头企业上，助推龙头企业快速成长从而拉动当地特色产业的增长。这种聚焦特色行业的母基金运作模式值得其他地区借鉴和推广。

案例4：央企扶贫基金发展迅猛

2016年10月17日，根据中共中央、国务院《关于打赢脱贫攻坚战的决定》及其分工落实方案，由国务院国资委牵头、财政部参与发起，相关中央企业共同出资设立了央企扶贫基金，经过两次募资，基金股东达到103家，基金规模153.86亿元，股东覆盖了国资委监管的所有中央企业和部分财政部履行出资人职责的中央企业。此次国务院国资委监管的39家中央企业参与三期募资，共同出资160.19亿元，基金总规模达314.05亿元。

央企扶贫基金自成立以来，通过直接投资、设立子基金等多种方式，投资了一批扶贫效果较好的地方龙头企业、央企合作项目和收益较好的证券化项目，打造了现代农业、资源开发、清洁能源、医疗健康、产销对接、产业金融、资本运作七大产业扶贫平台，逐步探索出一套可复制、可推广的产业基金扶贫管理模式。

截至2020年8月31日，央企扶贫基金投决项目101个，金额248.13亿元，涉及全国27个省（区、市）、143个市（地、州、盟）、300个县（市、区、旗），覆盖全部14个集中连片特困地区。其中，在“三区三州”深度贫困地区投决项目33个，金额43.76亿元。已投项目完全投产后，将直接或间接带动42万人就业，年均为就业人口提供收入35亿元，为地方政府提供税收25亿元。

通过直接投资、在重点省设立子基金、发起扶贫基金联盟等方式，引领撬动社会资本超2 100亿元，有力带动贫困地区特色产业和经济社会发展，在助力贫困地区打赢脱贫攻坚战中发挥了示范带头作用。

央企扶贫基金不仅着眼于贫困地区自身发展条件和禀赋，更不断提高站位、放眼宏观，将视野扩大到产业发展资源更为丰富的非贫困地区乃至发达地区，由主要支持贫困地区企业自我发展升级、优化内循环，扩大至依靠贫困地区外优质企业带动贫困地区产业升级，打通内外循环联结。以资金必须使用于贫困地区、发挥扶贫效益为前提，充分利用、整合基金的资金、股东、影响力等资源，通过联合投资、定向投资等方式，牵线搭桥、因势利导，强化与具有相当资源和抗风险能力的央企、地方龙头国企和头部民营企业合作，投资有影响力的大项目，将资源和产业发展机会导入贫困地区，助推贫困地区产业发展的同时降低产业基金扶贫投资的整体风险，保障基金投资安全和资金高效利用。

如果把贫困地区产业集聚比作一把雨伞，伞柄就是当地的产业龙头企业，伞骨就是当地的各产业扶贫投资基金，伞布就是整个产业集聚经济。伞柄（龙头企业）必须要依靠多根伞骨（产业扶贫基金）才能支撑大片的伞布（产业集聚经济）。产业扶贫基金在提示贫困地区产业升级发展中起到关键性的“支撑”及“杠杆”作用，通过和龙头企业的合作带动当地产业集聚升级，吸引越来越多的产业链小微企业在这把“大伞”下躲风避雨健康成长，在大伞的庇护下当地百姓的收入和生活水平也会显著提高。

我们可以把这种通过市场导向型产业扶贫基金助推贫困地区产业升级发展的模式定义为“伞式扶贫”。伞式扶贫可以有效地防止企业所在地区再出现新增贫困或者返贫的现象，这样不仅会在巩固脱贫成果的同时，也会有利于提高脱贫成果质量。

案例5：央企扶贫云南子基金案例

中央企业贫困地区（云南）产业投资基金合伙企业（有限合伙）（简称“云南子基金”）基金总规模为10亿元，存续期限为7年，主要以股权方式投资于云南省内贫困地区的资源开发(特色种养业、旅游业、加工业、矿产资源等)、产业园区建设、新型城镇化发展等，适当投资养老、医疗、健康等民生产业。优先考虑吸纳就业人数多、带动力强、脱贫效果好的项目。

截至2020年4月底，云南子基金已完成投资任务10亿元，投资完成率100%，先后投资了腾冲机电产业园、云景林业、临沧云投石化、云南农垦橡胶、云南神火铝业、云天化云峰化工、鹤庆正邦农牧多个项目，项目涵盖了农林种养殖、工业生产制造加工、产业园区建设、资源开发等多个领域，投资区域基本覆盖在滇西片区、乌蒙山区和滇桂黔石漠化区的贫困县。这些项目的投资不仅为当地优化产业布局、提升产业集聚度提供支持，而且给当地企业带来了资信的提升，使企业获得更多的资金和政策支持，起到了扶贫增收、资本撬动、产业发展和当地财政增收的综合带动作用，摸索出了从“输血式”扶贫向“造血式”扶贫转变的具有云南特色的产业基金扶贫模式。

云南云景林业开发有限公司地处滇西片区的普洱市景谷县，公司主要从事营林造林、森林资源开发、培育，木材采运、加工、销售等。云南子基金于2019年初以增资入股方式投资了2亿元，公司拥有117万亩林木基地，涉及景谷、景东、宁洱、镇沅和思茅5个县区、28个乡镇、103个村、1.1万农户近5万人，有傣族、彝族、拉祜族等11个少数民族直接参与经营林业从中脱贫致富，其中涉及景谷县建档立卡贫困乡镇3个、贫困村23个、贫困户3 571户12 000余人。一是带动就业。云景林业林浆纸产业涵盖一、二、三产业，涉及面广，带动作用大。农户在获得种植收益的同时，全面参与公司基地建设、采伐、管护、运输、装卸及生产经营各环节务工，劳务涉及10多万人占景谷县总人口的1/3；带动地方企业近30家、6 000多人就业。其中，2019年直接带动就业人口15 769人，支付工资费用及临时工资10 100.59万元；向合作农户提供种植技术服务等支出980.28万元；间接带动就业人口17 066人，上缴税费7 428.71万元。二是带动了农户脱贫致富和财政增长。自公司成立以来累计投入建设资金46亿元，实现产值126亿元，上缴税费9.7亿元，对地方经济贡献近110亿元（按全县31万人计，人均贡献3.55万元）。三是改变了生态环境。公司与农户合作发展种植桉树，在保障原料供应的同时保护了天然林，找到了一条“以林促纸、以纸养林、林纸结合”的可复制、可持续绿色发展之路，当地森林覆盖率由公司成立之初62%提高到78.33%。

案例6：江苏高投旗下基金对品品鲜公司的投后管理

江苏高投旗下基金从2016年11月开始正式投资品品鲜项目，到2018年先后投资3 000万元，品品鲜本届董事会成员为3人，其中1名由基金委派。

基金自投资品品鲜以来，对项目进展进行了持续跟踪，与品品鲜的管理层保持密切联系，询问公司生产经营情况和经营过程中遇到的困难。

一是利用江苏高投为江苏省直属单位的优势，积极协调该公司与灌云县政府的关系，为企业争取政府项目资金和获取资质荣誉提供尽可能多的支持。近年来在基金的帮助下，品品鲜及其子公司共获得地方政府产业富民项目资金3 350万元，另有2 000万元产业富民项目资金正在争取中。2018年，品品鲜公司获江苏省农业农村厅授予“江苏省省级农业产业化重点龙头企业”。

二是为企业融资提供支持。由于需要在全国范围内合理布局业务，抢占市场，品品鲜近年来处于扩张时期，对资金的需求较大，基金通过自身的相关渠道，对该公司的融资提供了必要的支持。经过基金的牵线和协调，2020年7月，品品鲜获得了连云港金海创业投资有限公司980万元的可转债投资。

目前，公司日产真姬菇110吨，杏鲍菇60吨，在行业内享有较高的知名度。2019年实现销售收入2.27亿元，净利润3 937万元。截至2020年6月底，品品鲜公司资产总额3.93亿元，其中净资产1.56亿元。基金投资后，项目公司获得了快速成长，股东权益实现了较高的增值。

品品鲜及其子公司吸纳了周边农村约400名富余劳动力的就业，就业人口月平均工资在3 000元以上，每月稳定的收入帮助了周边贫困人口的脱贫。品品鲜及其子公司承担了地方政府的产业富民项目，每年给地方政府扶贫办200万元的分红，由扶贫办用于需要帮助的贫困户。

案例7：湖北红安高宏基金助推革命老区招商引资

湖北红安高宏股权投资基金有限公司（简称“高宏基金”）成立于2017年1月24日，是湖北省高新产业投资集团和红安县合作成立的全省第一只县域股权基金，由武汉高投宏昇股权投资基金管理有限公司（以下简称“高投宏昇”）管理运营，以电子科技、新材料、新能源等高新科技等为主要投资方向。

高投宏昇管理团队自受托管理高宏基金以来，紧紧围绕助力红色老区经济发展的宗旨，本着“四个联动”（投资招商联动、投资信贷联动、投资与增值服务联动、政府市场联动）的战略考量，以培育孵化高新企业、产业升级转型及打造红安新兴产业集群服务。

针对县域经济企业规模偏小、科技含量不高、盈利水平不明显、没有形成产业集群的状况，基金管理人将投资与招商引资相结合，在市场上寻求产品科技含量高、有较好市场预期的企业引入红安。经过无数次的调查、洽谈、评估，最终从众多企业中优选了5家高新技术企业落户红安。截至2019年底，落户企业已投产。这5家企业总共拟投资9.65亿元，现已实际投资2.84亿元。

湖北天弓智能设备有限公司（简称“天弓智能”）是一家以立体停车设备研发、设计、制造、销售及电气自动化设备研发、设计、制造、销售为主的智能化设备企业。自2017年8月投资以来，高宏基金派驻董事，以厂为家，全天候服务企业，利用资本市场的资源，为天弓智能引进金融机构，使其成功获得贷款，进一步支持企业借助资本的力量快速发展。投资前（2016年）天弓智能几乎未实现销售，当年亏损715万元；投资后，经过约两年的发展，2019年天弓智能实现营业收入5 195万元，净利润611万元。同时，2019年天弓智能贡献税收350万元，提供百余就业岗位。

武汉夸克新材料有限公司（简称“夸克新材料”）是一家以建筑装饰节能

环保新材料研发、生产、批发、零售，环保再生石材生产及应用，建筑装饰构建和模具设计、制造及应用为一体的新材料公司。自高宏基金2017年10月通过投资招商联动引入红安后，高宏基金派驻董事，积极对接，紧密跟踪，为其协调入驻红安的各种手续。同年12月初，开始在红安建造工厂。2018年5月，开始试生产，建设速度、投产速度均创造了红安之最，成为红安招商引资的一面旗帜。2019年是夸克新材料红安生产基地正式投产第一年，当年即实现营业收入3 356万元，基本实现盈亏平衡，贡献税收68万元，提供百余就业岗位。受疫情影响，2020年上半年在流动资金极度短缺、在高宏基金管理团队的大力支持和帮助下，夸克新材料克服诸多困难，迅速恢复生产，在原有部分意向订单取消的情况下，通过全体员工的共同努力，截至6月仍然实现了1 000万元的销售收入。

华高电气科技有限公司（简称“华高电气”）在引进的初期克服种种困难，坚定不移地落户红安，在红安县委县政府的大力支持下，解决了厂房问题。2019年，华高电气安心钻研技术、扩大生产、开拓市场，在保证新产品质量的前提下，在基金管理人的协助下，狠抓营销与资源整合，共同争取了“一带一路”的大额相关订单，进一步拓展了海外产品市场，蓄势待发。2019年实现营业收入1 008万元，实现盈亏平衡。预计2020年实现营业收入3 000万元，净利润300万元。

2019年，位于红安的已投企业创造产值3亿元，贡献税收1 100多万元，提供了上千人的当地就业岗位。高宏基金近三年的努力工作，受到了高投集团、红安县委县政府、各被投企业的认可，在基金创新运作、在助推县域经济发展上贡献了自己的力量。

案例8：中证焦桐基金扶贫产业基金

2016年12月，中证焦桐基金管理有限公司（简称“中证焦桐”），设立了首只面向全国所有贫困地区的扶贫产业基金，总规模11.2亿元。

仅2019年，公司便先后走访、对接12个省份22个国家级贫困县，考察

200余个项目,并为当地企业积极对接上下游资源。2018年，中证焦桐联合民族证券等机构为兰考县城市建设投资发展有限公司发行扶贫债工作服务，并于2019年5月顺利完成发行，为兰考产业发展提供10亿元资金支持。

2019年9月，中证焦桐帮助阜平县成功引入“首旅·金蜗牛自驾车房车营地项目”并正式签约，目前已列为2020年京冀帮扶项目，获政府资金支持。首旅金蜗牛阜平汽车露营公园规划位于天生桥镇南栗园铺村小车沟口，项目占地面积约220亩，总投资额近1亿元。投资内容包括游客中心、住宿业态、现代观光农业设施、生态停车、园区道路、热气球广场、特色餐饮、户外用品超市、特色农副产品集市。公司制订扶贫专项方案，扶贫范围明确到建档立卡户，项目用工聘用当地人员比例90%，优先招聘录用建档立卡贫困户，扶贫成效确保直接受益国定建档立卡户30人，人均年增收5 000元，扶贫年限为8年。初步估算，本项目每年将吸引新增过夜游客10万人，对周边市场形成和产业带动起到推动和引领作用。

2019年，中证焦桐还为河南省卢氏县羊肚菌产业龙头企业“河南九龙农业科技有限公司”(简称“九龙实业”)、内蒙古科左右旗“内蒙古科尔沁牛业股份有限公司”(简称“科尔沁牛业”)、长江造型材料(集团)科左后旗有限公司(简称“长江材料”)等贫困县企业上市提供免费咨询指导服务，并为其对接北京相关部门专家现场指导，受到各公司董事长的认可和感谢。

中证焦桐还做好组织动员工作，践行金融扶贫动员者理念。

一是通过组织“金融合力扶贫行动巡回服务团”活动，动员更多金融机构走入贫困地区参与脱贫攻坚。2018年以来，中证焦桐先后牵头组织“金融合力扶贫行动巡回服务团”走进兰考县、阜平县，为贫困县政府带去产业扶贫、金融扶贫、人力资源扶贫以及消费扶贫理念，为贫困县企业带去下游客户资源等。

继2018年4月金融合力扶贫行动对接兰考产业之后，2018年10月，中证焦桐联合北京市西城区政府，牵头组织金融合力扶贫行动，到阜平县开展了“西城—阜平精准帮扶项目对接会暨金融合力扶贫行动巡回服务团(阜平站）现场会”，组织动员上市公司和金融机构等各方进一步了解阜平县脱贫攻坚及经济社会发展情况，并就如何更好地开展阜平扶贫工作提出了实质性建议和框架性行动方案，推动扶贫工作向合力方向发展。

二是发挥自身优势，践行扶贫“示范者”角色，综合运用智力扶贫、人力资源扶贫、消费扶贫等手段提升贫困地区软实力。扶贫先扶志、扶贫必扶智，贫困地区脱贫离不开人才的支持。中证焦桐在走访贫困县过程中意识到帮助贫困县留住人才是扶贫工作的难题，基于此，发起组织了资本市场系列培训，邀请河南兰考县和内乡县、河北阜平县、江西吉安县等金融系统和优秀企业代表负责人，两次赴深圳资本市场学院参加为期一周的学习考察，为贫困地区普及“新三板+H”“科创板”、上市、并购等基础资本市场理念和最新政策，介绍利用资本市场服务自身发展的实操经验。这些系统学习资本市场理论和实践的培训，帮助贫困地区开阔视野，了解最新资本市场融资政策及工具，丰富企业融资途径，明确企业发展规划，受到了参会贫困县政府和企业的一致好评。

三是积极开展扶贫攻坚社会动员、示范宣传活动。自成立以来，公司以高度的政治责任感和使命感开展了多项与扶贫相关的社会动员、示范宣传活动。2017年6月30日，公司联合多家上市公司、证券公司等资本市场主体在北京举办资本市场服务脱贫攻坚论坛，参会贫困县达50余个，嘉宾近400人，培训效果显著。

案例9：山证投资扶贫基金专业帮扶

山证投资有限责任公司（简称“山证投资”）作为山西证券全资私募子公司，深入学习贯彻习近平总书记视察山西重要讲话精神和深度贫困地区脱贫攻坚座谈会讲话精神，将履行扶贫社会责任同践行母公司山西证券“以义制利”企业核心价值观统一起来，将开展好“一司一县”结对帮扶贫困县行动作为推进公司转型发展的重大机遇。

2016年，山西证券与山西汾西县签署“一司一县”结对帮扶合作框架协议，山证投资结合汾西县产业实际状况，经充分调研后，决定以产业扶贫方式助推汾西县脱贫事业。2018年，山证投资与汾西县政府合作成立首期规模1 200万元的产业扶贫基金，投向汾西县域重点产业。为避免出现扶贫基金投向“盲目上马、不切实际”的项目，公司对汾西县全县产业进行了逐一摸排调研，包括旅游、养猪、种梨及养鸡等诸多项目，最后经综合评估，筛选出能够最大程度发挥产业扶贫功效的洪昌养殖公司项目。但该企业主要进行白羽肉鸡养殖及简单加工，不具备较高附加值的鸡肉深加工及消费市场开拓能力。如果能够帮助其延伸产业链，将带来上游养鸡规模的扩大及下游深加工产品的经济增值，从而带动贫困人口就业和收入增长。在中国证券投资基金业协会的支持下，山证投资促成山西洪昌养殖公司与在国内排名靠前的具有较强肉鸡深加工及销售能力的山东诸城外贸公司合作洽谈，最终确定由山东诸城外贸公司与汾西洪昌养殖公司共同成立汾西县长晟科贸有限责任公司，合作建设1.86万吨鸡肉深加工项目，作为支持汾西产业扶贫的重点项目。

为确保选定的肉鸡产业扶贫项目具备造血功能，山证投资充分利用母公司山西证券在行业研究、投行和投资等多方面的专业优势，在起步阶段就项目建设、规模、商业模式、公司架构以及公司治理等与企业进行了充分沟通，同时向双方股东就项目规范化运营和市场化运作提出了具体建议和要求，明确了项目前期通过基金帮扶进行建设、后期必须通过自身运作实现市场化发展的目标。该项目概算总投资预计9 600万元，双方股东仅出资本金1 000万元。山证投资充分发挥汾西启富产业扶贫基金的专业扶贫职能，在项目资本金严重不足，难以获得其他金融机构融资支持的情况下，首先由基金出资250万元补充项目资本金，再由管理的山西中小企业创业投资基金出资2 000万元以可转债模式投资，顺利解决了项目启动资金问题。同时，为解决项目后续资金需求，山证投资与国投创益产业基金、江苏高投等投资机构积极对接，积极帮助企业在山西省股权交易中心挂牌展示，取得了较好的基金行业协同专业帮扶成效。

山西证券董事长侯巍考察项目现场

山西证券副总裁王怡里考察厂房建设情况

第二篇 公司扶贫

实现全面建成小康社会、建成富强民主文明和谐的社会主义现代化国家的奋斗目标，实现中华民族伟大复兴的中国梦，就是要实现国家富强、民族振兴、人民幸福，既深深体现了今天中国人的理想，也深深反映了我们先人们不懈追求进步的光荣传统。

——习近平：《在第十二届全国人民代表大会第一次会议上的讲话》

2013年3月17日

扶贫助学　有爱有未来

——国寿安保不忘初心反哺社会

国寿安保基金管理有限公司（简称“国寿安保”），由中国人寿资产管理有限公司和澳大利亚安保资本投资有限公司共同出资设立，是我国第一家由保险资产管理公司直接发起设立并控股的中外合资基金公司。

甘肃省会宁县是红一、红二、红四方面军会师的革命老区，地处黄土高原和青藏高原交接地带。这里常年干旱，有“十年九旱”一说，年降水量仅有267.1毫米，是中国最干旱的地区之一，部分乡镇自来水未完全接通，当地人靠天吃饭，靠天喝水，下雨时把雨水收在混凝土打的水窖里，作为以后的生活日常用水，如果一年不下雨，这里将颗粒无收，当地大多数人还徘徊在温饱线上。由于山高坡陡、土地贫瘠、信息闭塞、自然灾害频繁和生产观念的滞后，会宁县经济发展落后，属于国家级贫困县。村中的年轻劳动力几乎都外出打工，每年回家不到一次，老人在家抚养第三代，守田种地，生活十分艰苦。

甘肃省会宁县党岘乡杨湾小学位于党岘乡杨湾村外，距离县城约40公里，考察人员历经近三个小时才到达学校。有的学生家离学校很远，天不亮就要背着书包走一两个小时的山路才能到达学校。学校共有学生47名，教职工7名，其中包括一名已经不授课只做后勤工作的民办教师。除了教室和教师宿舍外，学校几乎没有任何配套设施，没有围墙，操场也是简单空出的一块泥土地，唯一的课外活动设施篮球架也是锈迹斑斑摇摇欲坠。因为物资缺乏，教室的墙面、地面、桌椅、文具破旧不堪，上课时几名学生挤在一条小长凳上，甚至有的学生需要轮流站着听课。但这些却丝毫抵挡不住孩子们学习的热情，一双双渴望知识的眼睛令人动容。由于不具备食堂的硬件设施，学校将当地教育局的餐费拨款用于早餐供应，提供一些数量有限的鸡蛋、火腿肠和牛奶。很多学生舍不得吃，将早餐发的食物带回家给弟弟妹妹。午饭更是一个难题，住的离学校较远的学生只能带一个又冷又硬的馒头作为午饭，学校的老师一周吃不上几顿蔬菜，尤其到了冬天，绿叶蔬菜在学校是极为奢侈的期盼，更不要说荤菜和营养搭配问题了。学校发展艰难，曾几度面临撤校风险。

杨湾小学牵动着国寿安保上下各级职工的心。2015年12月31日，公司完成了学校亟须的桌椅设施采购并通过物流配送到学校。2016年2月15日，公司采购一批文体用品及生活用品捐赠给学校，让每个学生有了自己的桌椅，安心地听讲学习，解决了当地学生实际困难，初步改善了学生们的学习生活环境。2016年9月，公司向坚守在学校的教职工发放了教师节慰问金，感谢老师的无私奉献，同时对优秀和困难学生家庭走访慰问。

公司员工纷纷以饱满的热情自发投入到爱心扶贫捐赠活动中，不仅捐赠了相关学习用品、书籍、衣物等，还按照实际学生所在的年级捐赠了相对应的教材及辅导书，前后捐款合计约1.5万元。公司扶贫公益工作小组对捐赠物品一一进行登记并确保送到学生手中。部分员工还利用假期主动前往杨湾小学支教，与学校师生吃住在一起，带给孩子更多精彩的世界，感受不一样的教学风格。

2016年8月，国寿安保出资为杨湾小学建设了电教室，购买了电

脑、电视等设备，并委派专人前往学校进行电教室搭建、培训等。孩子通过电脑接触到了更广阔的天地，也改进了教师们的教学方式。甘肃的冬天寒风凛冽，2016年12月公司捐赠了一批手套、围巾等生活御寒用品。硬件设施逐渐完善后，2017年6月，公司出资为杨湾小学建造了一间图书室，阅读书架、课桌椅、图书等一应俱全。在国寿安保的帮扶下，杨湾小学荣获“白银市教育局标准化学校”的称号。2018年1月起，公司持续对学校进行爱心午餐捐赠，确保每个孩子每餐午饭都有热饭，荤素搭配均衡营养，师生们再也不用饿着肚子上课了，切实解决了学校师生吃饭难的问题。

2018年9月，国寿安保走进杨湾小学，和师生一起举行了一场别开生面的五周年司庆活动。杨湾小学师生和公司一行人共同举行了庄严的升旗仪式。公司代表向学生赠送了学习用品和体育用品，向老师赠送了备课用的笔记本电脑，而朝气蓬勃的孩子则将鲜艳的红领巾系在了这群“熟悉的陌生人”脖子上。国寿安保总经理左季庆给学生们上了一堂题为“知识改变命运，理想创造未来”的公开课，用一个个生动的故事，鼓励孩子们要有自信、有责任心、有毅力、有梦想。

通过对甘肃省会宁县党岘乡杨湾小学持续5年的帮扶，杨湾小学从面临撤校到如今硬件设施位居

乡镇小学前列，实现了翻天覆地的变化。和那些生活在大城市的孩子们相比，杨湾小学同学们的生活条件可能不能比肩，但是他们拥有同样的时间、同样的梦想、同样来自四面八方的爱。未来的世界会变成什么样子，需要孩子们自己去梦想，去编织，去创造。国寿安保愿意用实际行动帮助孩子们更好地掌握知识，为他们的梦想插上能够翱翔蓝天的翅膀。

少年智则国智，少年富则国富，少年强则国强，国寿安保将继续积极践行社会责任，为打赢扶贫攻坚战做出应有的贡献。

红烛之光　助人前行

——国泰基金红蜡烛公益扶贫计划互助分享创造希望

国泰基金管理有限公司（简称“国泰基金”）于2007年发起“红蜡烛公益扶贫计划”，践行“授之以渔、互助分享、回馈社会、创造希望”的公益理念，关心、支持偏远地区学子，让他们感受到社会的真情温暖。

红蜡烛公益扶贫计划作为国泰基金的常态化公益项目，每年都会落实各项扶贫工作，拥有多元化的帮扶方式。如以捐赠物资和开展实地助教为主的“红蜡烛公益助教行”，侧重于改善偏远地区的教学环境，开拓学生视野；以创造多媒体教学空间和阅读生态环境为主的“红蜡烛梦想中心和阅读点亮童年”项目，侧重满足贫困学生多元化的发展需求；以捐赠助学金和家庭帮扶金为主的“红蜡烛扶贫助学金”项目，帮助优秀贫困学生缓解经济困难，探寻更多发展可能。

红蜡烛公益助教行

红蜡烛公益助教行是公司最早开展的扶贫活动之一。2007年起，公司自发成立志愿者团队，在公司股东、企业内部、合作伙伴等多种渠道的帮助下，利用捐赠款采购物资，持续多年开展实地支教。考虑到偏远地区学校的书籍匮乏，难以满足学生的阅读需求，国泰基金在甘肃、河北、湖北、云南等地选址援建图书馆，帮助改善学校的教学环境，带去丰富的教育资源。近年来，公司持续为对口帮扶学校提供帮助，不断完善当地的教学设施，捐赠各类教学设备。同时，召集志愿者前往当地教授英语、绘画、绘本阅读、趣味天文等课程，还将当地学生富有童心的画作制成笔记本，送给孩子们留作纪念。

红蜡烛“梦想中心”和“阅读点亮童年”

国泰基金与上海真爱梦想公益基金会、多阅文化发展中心合作，改善偏远地区学生的素养教育。

梦想中心是以培养学生素养教育为核心的公益空间，内含书架、课桌、平板电脑、投影仪等教学用具，融合“多媒体教室”硬件和“梦想课程”软件，打破了学习空间上的限制，营造了轻松自由的学习氛围，为老师提供了多元化的教学思路。梦想中心的设立帮助学生建立自信、开拓思维，赋予他们更多能力。

“阅读点亮童年”是长期的阅读能力培养计划，旨在通过专业的阅读引导方式，提升学生的阅读技能。历年来，已在上海华虹农民工子弟学校和云南大理康廊完小开展了书香班级建设、远程阅读通信、校园阅读节等活动，有效提升了学生的阅读能力，改善学生的综合素养。

红蜡烛扶贫助学金

保障就学、扶贫助优是“红蜡烛扶贫助学金”项目的初衷。山西汾西县和陕西北四县是国家级重点贫困县，那里有很多品学兼优的青少年因家庭经济困难难以完成学业。国泰基金与当地教育局及专业公益机构合作，向建档立卡的优秀贫困生提供助学金，帮助他们顺利完成学业，实现考入高中、大学的梦想。同时，也为已考入大学的贫困家庭捐赠帮扶金，免除受助家庭经济上的后顾之忧，帮助学生迈出梦想的第一步。

红蜡烛的经验

2020年，红蜡烛公益扶贫计划已经迈入了第十三个年头。截至目前，在全国范围内完成助教36次、足迹遍及山东临沂、河南大别山、陕西延安、咸阳、甘肃迭部、天水、湖北红安、恩施、云南大理、青海和内蒙古自治区等多个省份和地区，共为偏远地区的学校援建了12座“红蜡烛图书馆”和7间“红蜡烛·梦想中心”多媒体教室，捐赠了3万余本图书，受益师生已超万人。

扶贫是一项长期的工作。如何有效地将现有资源转换为更好的扶贫成效，如何改善扶贫的方式并形成一个长期可持续发展的模式，是企业参与国家扶贫工作需要考虑的重点。多年以来，国泰基金红蜡烛公益扶贫计划的开展主要依托于三个关键因素：一是组建项目负责团队；二是选择专业外部合作机构；三是设立专项资金。

组建专门的团队负责扶贫项目，可有效提升扶贫工作的运作管理水平。为了更好地策划和落实扶贫工作，国泰基金特设红蜡烛理事会，制定了《红蜡烛公益扶贫计划运作流程指引》。公司每年至少召开一次年度理事会，拟定当年的扶贫计划框架。每一项扶贫工作都交由红蜡烛活动的主管部门落实。主管部门会遵循相应流程，对项目进行调研、筛选和执行，并定期向理事会汇报扶贫工作的进度，确保所有项目透明规范运作。

选择专业的外部机构合作，有助于将现有的资源充分利用，取得更好的教育扶贫成效。公司引入公益合作伙伴，以更专业的方式开展教育扶贫工作。目前主要合作公益机构为上海真爱梦想公益基金会和上海多阅公益文化发展中心。公益机构的高度专业化项目管理和丰富的公益运营模式，为红蜡烛公益扶贫计划提供了更好、更多元的教育公益产品和服务，有效发挥了教育扶贫的优势。

设立公益专项资金可以帮助推进扶贫工作的可持续运作。在股东的大力支持下，国泰基金设立了红蜡烛专项资金。凭借公募基金的行业特色和优异的投资管理能力，每年将专项资金投资收益作为支持扶贫工作的经费来源，有效确保每年的扶贫项目顺利开展。

国泰基金红蜡烛公益扶贫计划致力于通过教育扶贫的方式促进贫困地区的教育事业发展，帮助改善偏远地区的教育环境，促进教育均衡，为国家的教育赋能，为扶贫攻坚战出力。今天的付出，不是为了单纯的感动，而是为了下一个美好的未来。国泰基金将在教育扶贫的道路上秉承初心，为更多需要帮助的孩子带去正能量，助力促成可持续发展的美好未来。

国泰基金红蜡烛公益助教行——山东临沂

国泰基金红蜡烛公益助教行——甘肃迭部

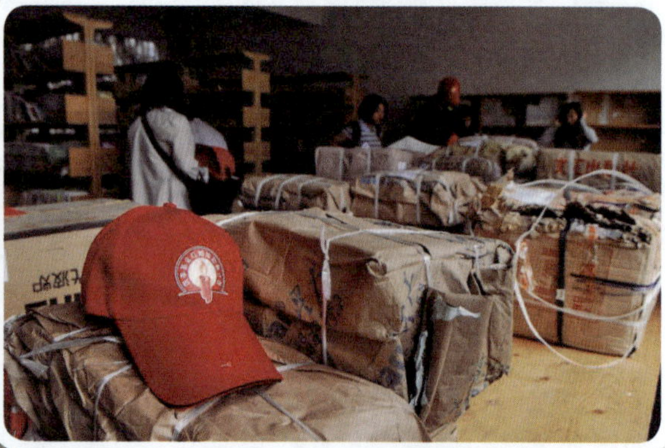

国泰基金红蜡烛图书馆

抢险救灾　智力扶贫

——深创投对口帮扶上溪村扶贫产业发展

自2016年5月起，深圳市创新投资集团有限公司（简称“深创投”或“集团”）对口帮扶麻布岗镇上溪村，力所能及贡献企业应有的力量，承担金融企业的一份社会责任。

深创投精准帮扶脱贫对象是隶属河源市龙川县麻布岗镇上溪村，是个典型的老革命根据地边远山区村。下辖上下别、群星、溪尾、河东、河西5个自然村，有28个村民小组，农户1 053户，总人口4 062人，耕地面积2 214亩，其中水田1 830亩；山地面积38 775亩，其中毛竹1万余亩，杂树林27 690亩，是麻布岗镇“四大基地”之一的毛竹基地所在地。

“6·12”水灾抢险救灾

2019年6月12日，上溪村突降暴雨，最大降水量400毫米左右，为近百年一遇的特大洪涝灾害，损失惨重。面对洪灾，深创投扶贫工作队和镇村干部第一时间投入抗洪行列中，他们穿梭在黑夜里，奔向各个受灾点，将受灾群众安全转移。6个自然村，123名受灾群众一个不少，实现零伤亡，这是奇迹！

集团党委书记、董事长倪泽望在收到灾情发生信息的第一时间，给出“沉着应对，共渡难关”的指示；党委副书记邵钢也指导扶贫工作队在保证安全前提下，积极参与抢险救灾工作，做好台账资料转移和保护。随后，集团紧急为上溪村转移群众提供10万元救助款，随后又发动员工捐款13.06万元。总裁左丁在到任深创投后，安排最快的时间，和邵钢副书记来到上溪村走访、慰问受灾群众。

消费扶贫

按照国务院办公厅《关于深入开展消费扶贫助力打赢脱贫攻坚战的指导意见》要求，认真组织实施消费扶贫工作。扶贫工作队发挥深创投已投企业和行业优势，帮助对接抖音和豆果美食，通过深创投年会和餐博会积极拓展魔芋粉销路。

扶贫工作队通过赞助龙川老古塘茶叶种植农民专业合作社参加深圳市国资委组织的秋季茶博会扶贫展（支付展位费15 000元），帮助其实现销售收入近万元，并与深创投签订采购意向框架协议。通过组织其参加深创投20周年投资年会，免费运送和提供展位，帮助茶叶销售。

立足上溪村实际，重点继续帮扶已投产业扶贫项目，增加上溪村居民收入。

贫困户精准脱贫

集团董事长倪泽望先后四次到帮扶村考察调研，党委副书记邵钢先后六次到上溪村指导扶贫工作和慰问村民和留守儿童，集团中层以上34位领导骨干，全部落实了与上溪村贫困户“结对子”帮扶责任制，其中也包括其子公司红土创新基金督察长。集团还派出了驻村工作队共6人次，具体负责上溪村的帮扶工作。2019年1月24日至25日，董事长倪泽望带领对口帮扶责任人一行10人赴麻布岗镇上溪村开展新春慰问活动，为上溪村老百姓送温暖、送祝福、献爱心，助力上溪村扶贫产业发展。2019年11月4日，总裁左丁和邵钢副书记到上溪村走访慰问贫困户和受灾群众，并与乡贤座谈共商发展大计。组织集团第一党支部与上溪村党支部结对共建，协助其抓好党支部规范化建设，联合开展上溪村教育基金捐赠仪式、博士党员志愿支教等共建活动，推动智力扶贫落到实处。

深圳创新投资集团有限公司精准扶贫节日慰问贫困户及贫困学生活动仪式

十年如一日　润物细无声

——华商基金持续帮扶青海科巴娃娃们展翅翱翔

青海科巴，一个亟待“精准扶贫”的西北村落

科巴是一个藏族村落群，隶属于青海省海东市化隆县金源乡，位于黄河上游北岸、拉脊山脉南侧的一条川地内，川地两侧是赤裸的红山崖。当地百姓约1 500人，过着半农半牧的生活。由于科巴土地贫瘠，耕种收成仅供各家生活口粮；自然环境脆弱而恶劣，畜牧业每年出栏率极低，仅能获得六七千元收入。除了去高原处挖虫草，近几年年轻人陆续出山打工。当地交通闭塞，需要经过唯一一条多年失修的、长达65公里的公路和三四座大山口，才能到达县城。

科巴偏僻且贫穷，通往科巴的盘山路泥泞坎坷，有多处山体滑坡，村子通向外面世界唯一的桥已经折成了两半，桥墩四散在红色的烂泥里。

科巴村中学教育落后，仅有科巴“完全小学”一所小学，现有1个操场和7间教室，一共有7个班，200多名学生。一年四季大部分同学都要步行40多分钟山路来上课。学校经费非常紧张，不得不多次拖欠电费，大部分教室都没有安装灯管，照明条件很差。老师居住和生活条件也都非常差。

多年来，金源乡是整个县里最贫困、成绩最不好的学区，而科巴完全小学又是乡上最不起眼的学校。这里的孩子平时接触不到汉语，但是学习的主要科目数学、语文和英语却都是用全国统一的汉语教材，导致他们对新知识的理解非常缓慢。

十年如一日的帮扶事业

2010年，华商基金管理有限公司（简称“华商基金”）在向玉树地震灾区捐赠的过程中，与青海省藏区科巴完全小学结下不解之缘。正是从这所小学开始，正是从这群孩子清澈纯朴、渴望知识的眼神开始，华商基金开启了十年如一日的“科巴圆梦”帮扶工作。

捐助30余万元教学物资，深入科巴支教。从2010年至今，华商基金多次组织对科巴完全小学捐赠30余万元的教学用品、学习用品，同时号召员工自愿捐赠书籍、学习用品和儿童衣物等，希望帮助这群藏族孩子学到更多的知识。不少热心公益的华商基金员工和员工家属也利用个人休假时间深入大山支教。孩子们拿到发放的礼物后都迫不及待地打开文具包，试用里面的各种笔、橡皮和尺子，爱不释手。

资助建立“热梦科巴”艺术团。科巴孩子的家里祖祖辈辈都在农牧交杂地区劳作，很多人从来没有走出过大山。孩子们渴望走出大山，渴望探索新的世界。为了帮助实现孩子见识大海、探索未知世界的心愿，“热梦科巴”艺术团在华商基金、支教老师及众多爱心人士的资助下成立，培养孩子们歌唱、舞蹈的表演能力，并编排歌舞外出汇演，依靠自己的力量获得了更多人的关注和支持。

资助建造“热梦科巴”艺术中心。艺术团成立之初，没有训练场地，没有设备，没有资金，支教老师甚至还要自己拿出补贴来垫付艺术团的运行花费，孩子每日只能在尘土飞扬的野外露天进行舞蹈、队形、歌唱、说话、表演的基础训练。华商基金联合社会各界，在高原深山里建造了热梦科巴艺术中心，初步建造了排练厅、音乐教室、舞蹈训练房、图书室、厨房、居住室和卫生间，不仅满足了艺术团平时声乐、舞蹈、戏剧、文化课的教学和排演的需求，解决了教师进山后的居住、伙食、取暖等具体问题，还为村里传统手工艺、文化传承的保护提供了可持续的支持和保证。

山崖下的沟壑坡坎，曾经是孩子们的训练场地

艺术团和艺术中心的建立，使拥有音乐和舞蹈禀赋的孩子们有了自己的一片芳草地。在华商基金等爱心人士的资助下，从2015年开始，“热梦科巴”艺术团先后多次来到北京，在梅兰芳大剧院、海淀中间剧场进行了多场专项文艺演出。

期间，华商基金还邀请艺术团的孩子们参观了华商基金公司总部，孩子们捐助了一批结实耐用的行李箱，让他们的艺术梦想之路更加踏实。

科巴艺术团参观华商基金公司总部

热梦科巴北京专场演出

资助“热梦科巴”艺术团孩子到正规艺校学习。送孩子到正规艺术院校学习，一直是艺术团为之奋斗目标。艺术团已经有20余名孩子被送进青海艺校，有3人考上西安艺校。华商基金亦通过筹集资金、一对一爱心家庭资助等，较好地解决了艺校生上学的费用。

科巴的变化

科巴完全小学和科巴艺术团已经成为当地1 000多户人家脱贫致富的希望，为当地藏族孩子们带来了改变命运的曙光。

在华商基金的长期关怀和科巴孩子们的不懈努力下，“热梦科巴”艺术团受到越来越多的关注，国家文化部、腾讯公益、北京金融街慈善基金会、深圳志愿者基金会等越来越多的机构以及社会大众参与到“助力圆梦”的团队中来，艺术团多次在北京、深圳、香港、澳门、西安、西宁等地进行艺术演出和文化交流，所到之处受到热烈欢迎，引起极大反响。

借公募基金之力 投教育扶贫之业

——汇添富基金“河流·孩子”教育扶贫项目见证“爱的力量”

2008年汇添富基金管理股份有限公司（简称“汇添富基金”）积极响应脱贫攻坚号召，通过“河流·孩子”项目为西部乡村开展教育扶贫，以“有河流的地方就有村庄，有村庄的地方就有孩子，有孩子的地方就有希望”为理念，以“捐建一座学校、培养一批乡村教师、帮助一批学生，进而改变中国西部地区乡村教育现状”为愿景，12年来先后援建10所“添富小学”，举办12期乡村教师培训活动，培训乡村校长超百人，教师超千人，受益学生逾万人，累计扶贫投入资金近3 000万元，累计提供志愿服务达3万小时，成为具有广泛社会影响力和品牌知名度的教育扶贫项目，多次荣获“最佳社会公益实践案例”“上海市志愿者服务品牌项目”等荣誉。

硬件捐建+软件帮扶

“硬件”捐建：校舍等基础设施薄弱是长期以来制约西部乡村教育发展的重要因素之一。十二年来，“河流·孩子”项目先后考察了怒江、金沙江、黄河、大夏河、柳江、清江、大通河、右江、湘江和嫩江流域，在云南泸水县、四川美姑县、宁夏泾源县、甘肃夏河县、贵州黎平县、湖北忠路镇、青海互助县、广西永乐镇、湖南城步县、内蒙古蘑菇气镇援建了10所现代化的“添富小学”，配套建设10所藏书齐全的“添富图书室”、10所现代化的“添富多媒体教室”、7个设施完备的“添富运动场”，修缮多所学校食堂和学生宿舍等。同时，在部分早期援建学校出现硬件老化和不足时，又及时启动新一轮“硬件”升级计划，使目前10所“添富小学”的硬件条件始终保持在当地同类学校中的一流水平。

云南省怒江州泸水市上江镇平安寨添富小学前身

“河流·孩子”项目援建后的云南省怒江州泸水市上江镇平安寨添富小学

“软性”帮扶：西部乡村教育除了“硬件”薄弱外，更缺乏“软性”的支撑，尤其是师资队伍的稳定性和素质成为制约教学质量的关键。十二年来，“河流·孩子”项目坚持开展乡村教师培训，组织“添富小学”及当地优秀教师走出大山，来到上海、北京等地，聘请专业教育机构专家担任讲师团，向他们传授先进教育理念和教学方法，累计举办校长培训6期、教师培训12期，培训人数1 300多人。同时，坚持开展“添富之爱”公益行活动，组织员工、客户和合作伙伴前往“添富小学”进行“梦想课堂”支教授课、校长教师交流座谈、贫困学生家访资助等，累计组织80多次、超过1 000人次志愿者参与教育扶贫活动。坚持开展帮扶结对，每年向优秀老师和学生发放“添富之爱”奖教金、助学金，并发起“一对一”结对帮扶，汇添富员工累计与560多名“添富小学”贫困学生建立长期结对关系。

2019年7月，来自云南、宁夏、甘肃、贵州、湖北、青海、广西、湖南的百余名优秀乡村青年教师和校园管理者参加由国内教育专家、专业教育机构等提供的“河流·孩子”第十二期乡村教师培训

2019年8月，各地添富小学校园管理者参加“河流·孩子”
第六届乡村教育管理者培训项目

2019“添富之爱”公益行-云南怒江站
（汇添富党员、志愿者回访云南省怒江州泸水市上江镇平安寨添富小学）

12年的项目运作见证了学生、教师、学校和乡村的改变。当地学生性格更加活泼自信，精神面貌焕然一新，更加热爱学习，辍学率大幅降低，许多学生走出大山，成为乡村中第一批大学生。教师团队更加稳定，教学水平进一步提高，许多教师成为当地教育的骨干力量，多人被选拔到周边学校担任校长，仅云南平安寨添富小学就先后输送了4位校长。学校软硬件实现质的飞跃，学生人数和教学排名快速提升，其中2所已发展成为当地中心学校和示范学校。随着教育条件的改善，当地的教育理念和发展理念不断进步，脱贫致富持续加速，并产生了良好的社会效益。

项目特色经验

“河流·孩子”项目在开展过程中形成了自身的特色，积累了丰富的经验，其中最主要的经验就是以经营企业的理念和方法来运作扶贫项目，以此提升项目的可持续性和生命力。

一是项目理念直击痛点。“河流·孩子”项目创新性地将教师和校长作为主要帮扶对象，通过开展教师培训项目影响一批批乡村教师和校长，帮助他们开阔视野，提升素质，进而影响和改变一代代当地学生。其中，“河流·孩子”教师培训课程围绕“教育理念”“教学方法”“职业技能”和“个人发展”四个模块进行讲解，培训内容包括团队建设、新教育理念、教师课堂语言艺术、课堂互动和教师专业发展、教师个人管理、多媒体与信息化教学等。经过项目组和社会各界对教师培训12年来的倾情付出和全力支持，“河流·孩子”项目学校的教学水平已有明显提升，先后已有多名老师出任当地其他学校的校长，成功走上管理岗位。这一项目理念得到了成功验证，各地“添富小学”不仅拥有了现代化的校园和硬件设施，更拥有了专业稳定的师资团队，教学质量显著提高，并带动了当地整体教育水平的提升。

二是项目模式持续创新。近年来，随着西部教育集中办学政策的推出，部分“添富小学”面临着定位调整。“河流·孩子”项目与时俱进，创新提出了“1+1”模式，即把“添富小学”作为当地教育水平全面提升的“基站”，每年选择1所周边贫困学校形成“1+1”合作关系，对接图书室、多媒体教室、教师培训等软硬件项目资源，扩大教育扶贫的范围。目前，青海、湖北和云南等地已先后形成了三家“1+1”学校，新增覆盖学生1 800余名。

三是扶贫工作坚持合法合规。汇添富基金在2010年发起设立了上海汇添富公益基金会，为扶贫项目的专业化运作提供组织保障。基金会成立10年来，“河流·孩子”等扶贫项目均在基金会体系下运行，确保项目具备充足的人员支持和资金保障。同时，基金会每年接受民政部门的检查和会计师事务所审计，确保扶贫项目合法合规和高质量发展。另外，基金会还通过官网、微博、微信公众号、媒体报道、社会责任报告等多种途径向社会发布最新进展，接受社会监督，进一步强化了项目的公信力。

四是扶贫项目坚持规范标准。“河流·孩子”项目在12年运作过程中先后制定了数十份规范性文件和百余项工作标准，为专业化运作提供制度保障。例如在援建学校的选择过程中，项目团队基于统一的理念与标准，在充分调研的基础上，综合评估当地教育规划、学校需求、生源情况等，以选择最需要帮扶的学校进行“雪中送炭”而不是“锦上添花”。同时，坚持与当地教育部门合建校舍的模式，充分发挥扶贫资金杠杆效应，推动项目成效最大化。在校舍建设的施工过程中，项目团队引入严格的项目管理机制，在招投标、方案设计、建筑用材、工程监理等进行全流程高标准把控，确保工程质量和安全。在“教师培训”项目上，“河流·孩子”建立了师资管理、教材编撰、课评打分、团队素拓与企业参访等十余项规范标准，确保项目运作高效、高质量。

五是扶贫团队坚持专业稳定。“河流·孩子”项目在运作过程中，建立了以汇添富公司高管和专职人员为主、志愿者为辅的团队体系，成为规范化运作专业、稳定的团队保障。以公司董事长为代表的高管团队，对扶贫工作具有强烈的责任感和热情，也有着专业的态度和执着；基金会内设立的专职人员高度稳定，具有丰富的扶贫项目实践经验，负责组织开展“河流·孩子”等各类扶贫工作；同时定期招聘扶贫志愿者，协助开展“河流·孩子”公益行项目，并均接受标准化的培训，以充分了解学校背景及师生情况、所处少数民族区域特定习俗、学生心理与沟通技巧、授课和家访注意事项等，确保志愿者服务的专业性。

六是打造员工奉献爱心的平台。“河流・孩子”自成立起就得到了公司员工的高度认可和积极参与，成为员工奉献爱心的平台。2012年，公司员工自发成立志愿服务组织“爱心协会”，组织员工参与扶贫志愿服务和结对帮扶。2017年，公司党委下属8个党支部分别对口帮扶一所“添富小学”，并结合党支部的资源开展结对共建，及时发现并帮助学校解决实际困难和发展需求。“河流・孩子”项目在将扶贫与公司党建、企业文化和员工成长相结合的过程中，逐步成为党员发挥先锋模范作用、员工践行感恩文化的重要平台。

七是打造各方共同成长的平台。扶贫项目不仅能够高效和大规模地解决社会问题，也可以促进优质项目的规模化，推动项目各方共同成长与发展。随着“河流・孩子”项目的不断发展，它也成为各方汇聚智慧、提升能力、共同成长的平台。“添富小学”不仅成为当地乡村教育的标杆，也成为向周边学校输出管理和教学经验的平台，得到了当地教育部门的认可。为教师培训提供授课的讲师团队，在多年的实践和教师的反馈中不断完善课程体系，使“河流・孩子”成为双方教学相长、共同进步的平台。“河流・孩子”项目团队也在这一过程中，不断加深对于西部教育扶贫工作和社会责任的认识与理解，并在工作和生活中，改变着自己，影响着他人。

赋能助学 助力圆梦

——鹏华基金贵州教育扶贫公益助学情况

2017年，鹏华基金管理有限公司（简称“鹏华基金”）启动“赋能助学”圆梦计划，以贵州为基地，与公司党建相结合，采用联合公益、集中申请、家访核实、持续资助及陪伴支持等方式，助力贫困学生顺利完成高中及大学学业，帮助他们成长为有自信、能担当、愿意回馈社会反哺家乡的人。

2017年7月，鹏华基金在深圳市社会公益基金成立“鹏华慈善公益专项基金”，以专业化运作方式，集中开展扶贫帮扶和公益助学等领域的慈善公益项目。鹏华基金以该专项基金作为项目资金的募集拨付平台，启动了贵州“赋能助学”圆梦计划，对贫困高中生给予经济资助的同时，还通过精神陪伴、团建互动等形式，给予全面的成长支持和心灵陪伴，为他们的成长提供更多温暖、向上的力量。

为深度掌握贵州高中贫困生的情况，精准把握资助方向，鹏华基金采用联合公益模式，与当地公益组织“往西公益”合作开展合作助学。通过与往西公益联合，实现资源禀赋互补，形成了“赋能助学”计划的系列项目：春雨计划——“一对一”助学项目、“游学成长夏令营”实践拓展项目、“囊萤照书”阅读项目、“陪伴计划”青少年心理健康培育项目、“酬勤奖学金”支持项目等。

春雨计划——“一对一”助学项目

本项目采用“一名员工资助一名贫困高中生”的方式开展助学，每学期给予每名受助学生2 000元助学金，采用“一比一”配捐方式，公司员工捐资1 000元，公司配捐1 000元。在“一对一”项目具体落地过程中，公司党委班子成员积极做表率，带动公司党员群众积极参与。2017年以来，已资助贵州盘州、荔波两地两校66名贫困高中生，60多位鹏华员工及其朋友深度参与。其中，公司党员24人，占全部资助人的36%。

贵州“一对一”助学项目

定位于“做小而美的公益项目”，“一对一”助学项目坚持深度参与、精准助学，并不刻意追求扩大助学范围。从筛选学生名单、访谈培训，到入户调研、面对面沟通，再到资料整理、匹配捐助人，都强调员工深度参与。在遴选资助学生时，始终坚持组织员工赴贵州山村“走村入户”实地调研，现场走进学生的家庭，了解他们的成长环境及需求，并在调研基础上遴选真正需要帮助的贫困学生。

“游学成长夏令营”实践拓展项目

本项目是针对公司资助的优秀贫困高中生开展的校外实践活动，旨在帮助他们拓展视野。2018年8月，由鹏华基金资助的11名高中生来到深圳，参加了鹏华基金组织的第一期“深圳游学公益夏令营”。活动为期6天，组织参观了南方科技大学、平安金融大厦、深圳博物馆、南头古城、世界之窗等具有深圳特色的地方；让同学们走进鹏华基金和鹏华资产，现场看看帮助他们的哥哥姐姐工作的地方；在鹏华文体积极分子的陪伴和带领下，到大梅沙进行团建，走进录音棚录制歌曲《相信自己无极限》；组织同学们参加了两天的3D打印科学课程学习，让他们有机会体验深圳智造的魅力。城市游学，不仅让资助学生们开阔了视野，也推动了他们与鹏华基金员工之间的情感互动，加深了彼此之间的心灵连接。

鹏华基金“深圳游学公益夏令营”项目

“囊萤照书”阅读分享项目

这是“一对一”助学的衍生项目。在每学期给受助学生送资助金的同时，会给每位学生送上一本书。此外，不定期开展读后感征文活动和作文辅导活动，鼓励他们分享阅读心得。希望通过阅读和分享，给予他们心灵滋养和梦想启迪，帮助他们自我探究，启发思考，从源头上激发积极向上的力量。

“陪伴计划”青少年心理健康培育项目

这是针对我们资助的贫困高中生开展的线下心灵陪伴活动。因家庭环境、生活压力等因素影响，处于青春期的高中生容易在自我认知、人际交往等方面出现问题。为缓解他们的不良情绪，鹏华基金和往西公益的志愿者会定期前往学校，组织学生开展一系列的心灵陪伴团建活动，对他们的心理困扰和成长困惑给予及时疏导和心理疗愈，鼓励他们直面挫折，保持乐观向上的积极人生态度。

“陪伴计划”青少年心理健康培育项目

“酬勤奖学金”支持项目

刚进入大学的优困学生，面对全新的环境，在大一期间很难找到打工或勤工俭学的机会，鹏华基金联合往西公益发起了“酬勤奖学金”支持项目，在受助高中生考上大学后，给予他们大一学年的生活费支持，“扶上马再送一程”，帮助他们缓解初入大学的生活压力。

经过三年多的探索实践，鹏华基金在贵州的“赋能助学”计划从经济资助到心灵陪伴，从给予外在激励到启发内生动力，从高中阶段到初入大学，各项目形成合力，形成闭环，力求全面覆盖“贫困高中生”的精神和物质方面的所遇困境。

截至目前，该助学计划已在贵州省盘州、荔波两地累计资助两届优秀贫困高中生66人，其中49人参加了高考，46人升入了吉林大学、中北大学等本科院校。

爱照滇西　一切为了孩子

——长信基金“启明灯”公益行传递爱的力量

滇西边境集中连片贫困山区（简称“滇西山区”）位于我国西南边陲云南省，集边境地区和民族地区于一体，是国家扶贫开发攻坚战主战场中边境县数量和世居少数民族最多的片区。2010年春，本该是欣欣向荣的季节，我国西南地区却遭遇了百年不遇的特大旱灾。虽然远在千里之外，滇西山区的旱情和孩子们的生活学习却牵动着每一位长信人的心。为此，长信基金管理有限责任公司（简称“长信基金”）启动了“启明灯”西南赈灾助学活动。

“启明灯”助学活动的对象选择了云南西部边远山区，坐落在沧源佤族自治县勐董镇的上拢耐小学。2010年4月8日，长信基金4名员工组成的志愿者团队带着公司全体员工的嘱托和信任，启程奔赴滇西灾区，从上海到云南跨越3 000公里，历时两天辗转颠簸抵达了上拢耐小学。一路上途径西南干涸贫瘠的土地、蜿蜒的山路、贫穷的村落，满眼萧条，这让志愿者们更加焦急，想见到当地老师和孩子们的心情更加迫切。

“上拢耐”佤语的意思是“高高山上的寨子”。这座小学就建在高高的山上，与缅甸一山之隔，平面距离仅200多米。上拢耐小学是滇西山上条件最艰苦和简陋的小学之一，但就像是点点的星光，承载着孩子们对知识的炽热希望。学生多数来自靠政府每人每月75元补贴的周边佤族山寨低保家庭。每到旱季山上取水点全部枯竭，100多名学生每天通过矿泉水瓶从远处的山上或山脚下带水。学校共有三间瓦房，墙壁上已现裂纹，屋顶用木柱支撑。校长介绍这些1998年建造的校舍已经成了危房，大风季节，房顶摇摆情况严重。校舍就建在山顶一块大约不超过200平方米的空地上，没有操场也没有任何体育设施，条件极为简陋。

志愿者抵达学校时间是4月9日下午四点二十分，离孩子们下课还有十分钟，朗朗的读书声响彻云霄。当孩子们看到志愿者时，不约而同地喊道"叔叔阿姨好！"没有人事先教他们，没有任何现场教导，他们对陌生的客人不加掩饰地流露出善意和真诚，让志愿者们感到一路的辛苦都是值得的。学生们都是佤族的后代，皮肤黝黑，身材瘦小，每个孩子脖子上用绳挂着两个雪碧瓶，方便上下山背水。另据介绍，其中有16个学生是缅甸人，每天做完家务活要走2小时山路过来上课。在这里，没有国别之分，孩子们共同的心愿是一起学习和成长。

志愿者们为上拢耐小学带去了大量的矿泉水、学习用品。考虑到当地取水点已经没有活水源头，当地已经无法在短时间内解决该小学的饮用水，药品、学习用品和校舍场地等问题更亟待解决。志愿者们连夜赶回镇里，采购了大量的医药用品、教科书、学习用品和体育用品等，并于第二天一早再次上山送给上拢耐小学的老师和同学们。

在征得校方同意的情况下，志愿者们进入教室和孩子们亲密交流，把公司同事们写给山区小朋友的祝福和爱心卡片一一分发给孩子们，有的卡片上还留好了详细的地址、联系方式，方便孩子们在遇到困难、亟须帮助时能及时找到可以给予帮助的人。孩子们也在便签纸上写下了自己的愿望或感受。临别时，孩子们用稚嫩的童声感谢来自上海的叔叔和阿姨。

坐上返程的汽车，志愿者们念着孩子们写下的文字。内容很简单，并不是希望过上好日子或是过上富裕的生活，相反都是一些希望别人过得好，希望成为医生治病救人，希望像他们一样的孩子能够少一点等。车厢里，孩子们的心声、朴实的话语和纯真的愿望触动着每位志愿者的心灵。在特殊的困境面前，孩子们显示出惊人的坚强与乐观。或许是在困境中生活让他们磨炼出了顽强的意志，他们内心也一定种下了希望的种子，好好学习，实现他们治病救人的愿望，完成他们改变家乡、建设家乡的夙愿！

滇西赈灾助学活动结束后，长信基金还开展了传递六一祝福、建立公益助学计划、传递对山区教师的问候、献新年祝福、“轻触指尖，传爱山间”等“启明灯”系列活动，以卡片和信件的形式向滇西同学们送去祝福和问候，寄去了大量日常所需的学习用品。

2011年4月，长信基金向投资者发起“传爱启明灯”倡议，收到长信基金"轻触指尖，传爱山间"公益行动短信的投资者，只需要回复“传爱启明灯”的活动口号，即由长信基金捐出0.1元(每位客户限参与1次捐赠)，最后汇集的善款总额以“长信基金投资者”名义捐赠给滇西山区上拢耐小学，成立“上拢耐小学图书馆建设专项基金”。公益捐赠活动得到了广大投资者的踊跃参与，活动结束后长信基金及时拨出善款，为远在滇西贫困山区的孩子们能够拥有自己的图书馆贡献力量，向渴望学习的他们传送知识、传送爱!

“启明灯”活动对于改善滇西贫困地区的问题来说只是杯水车薪，但通过这样的传递会让更多人看到助学公益活动的价值。希望能有更多的人关注西南贫困地区的教育，切实扶持像上拢耐小学这样的贫困学校，让下一代能够有一个好的学习环境和条件，成为改变当地现状的希望!

志愿者向孩子们分发矿泉水和学习物资

孩子纯真的笑容

志愿者临行前和孩子们的合影

片片剪纸寄深情　众人拾柴火焰高

——中银基金旬邑剪纸推广采购如火如荼

踏着初春的白雪，伴着欢闹的鞭炮声，中国银行在旬邑挂职扶贫的雷县长将红包送到了贫困户的家里，送到了一双双布满老茧的手上。这红包可不是普通的新春慰问红包，而是这些农户用灵巧的双手剪纸得到的报酬，是公益中国平台和中银基金、当地扶贫干部和浦东发展银行多方支持、通力协作扶贫的心意。

旬邑剪纸被列入国家级非物质文化遗产保护名录，旬邑民间流行的一种历史悠久的艺术，用剪刀将纸剪成各种各样的图案，如窗花、门笺、墙花、顶棚花、灯花等。每逢过节或新婚喜庆,人们便将美丽鲜艳的剪纸贴在家中窗户、墙壁、门和灯笼上，节日的气氛也因此被烘托得更加热烈。旬邑彩贴剪纸是在单色剪纸的基础上形成的一种剪纸艺术形式,是民间传统剪纸的创新与发展。它采用多色彩纸,通过剪、贴、衬三种工艺流程，把剪好的各种彩色小构件粘贴、创作成一幅完整的剪贴画，同时附首民间歌谣，形成一幅完美的艺术作品。内容多以人物、动物、花卉、民俗、民歌以及宗教信仰为题材，表现出了富丽堂皇、神秘诡谲、浪漫夸张的艺术效果。

早在2017年中旬，中银基金管理有限公司（简称“中银基金”）就关注到旬邑剪纸这个民间艺术形式。为此，在走访扶贫工作各个管理和执行环节中，特别注意了剪纸产品的推荐和反馈意见；同时，公司还委派张家文副执行总裁带队去北四县进行实地调研。在取得扶贫工作大量感性资料的同时，注意采购搜集旬邑地方特色的剪纸产品，探索将旬邑剪纸这个产品进一步开发，成为当地的一个拳头产品，通过贫困户辛勤的劳动，给他们带来实实在在的收入，进而脱贫走上致富的道路。

中银基金设计了以“鲤鱼跳龙门”为内容的中银基金公益纪念品，在产品上突出注明是旬邑贫困县的产品，并依托“公益中国”这个总行扶贫平台进行采购。产品设计出来，效果非常好。中银基金党委章砚书记带头在公司对外的重要业务交流活动中，积极介绍“鲤鱼跳龙门”特色中银基金公益扶贫纪念剪纸。剪纸的民族特色和吉祥的寓意打动了许多业务伙伴的心，他们详细询问剪纸的产地、设计、费用等问题。对于他们的询问，章书记都耐心亲自讲解，还特别指定联系人，帮助他们沟通购买渠道，做好辅助工作。

2018年1月，在一次普通的业务会谈中，浦东银行对旬邑剪纸赞不绝口，古老的民间艺术再次遇到了知音，他们当即表示，要积极定制一批有特色的旬邑剪纸产品，作为浦东发展银行成立25周年的纪念品，积极推广。

当这样一个扶贫产品需求一经提出，北京、上海、旬邑三地的扶贫机制开始飞快转动起来。

中银基金作为产品的推荐者,在引导旬邑设计如何符合浦东发展银行的要求上，着实下了苦功夫。一张张剪纸草案在三地的微信上迅速传递，每一次小小的修改都带来细致入微的深入探讨。在一次次的尝试中解决设计问题;就一个方案一个方案的排除，以选择最佳包装方案。终于，设计方案得到购买方的满意并最终确定下来，但在具体采购上又出现新的情况。在具体采购环节上，卖家、买家不清楚如何取得正规发票，如何依法交纳税金。中银基金引导卖家、买家走“公益中国”这个公益平台，进行公开透明合法的交易，把扶贫工作做得合规合法。

于是，一个完整的采购交易流程，把旬邑剪纸带到了上海大都市，把扶贫资金从上海大都市汇出，直接送到了贫困户的手中。旬邑剪纸采购渠道走通了，走流畅了，为进一步推广旬邑剪纸采购、推进精准扶贫打下了坚实基础。

在此基础上，中银基金继续努力，不断复制成功经验，先后设计推出了具有符合国际商务交往使用的剪纸产品、适合金融企业庆典使用的产品，让有着浓郁民族风格的旬邑剪纸不断扩大销售、走出国门。

众人拾柴火焰高，经过大家共同努力，邑剪纸这一扶贫产品已经打造成为当地扶贫拳头产品，成为精准扶贫、产业扶贫的典范。

扶贫先扶志　书香进校园

——国海富兰克林基金“为爱奔走”助学纪实

2019年4月，广西壮族自治区百色市田东县布兵小学的教学楼前，忽然多了许多沉甸甸的包裹，不少孩子们好奇地围上去看。

“我知道是什么，今天有上海来的叔叔阿姨给我们捐图书角，每个班都有一个，不同年级的还不一样！”一位扎着马尾辫的小女孩开心地与同学讨论着。

小女孩等候的叔叔阿姨，是来自国海富兰克林基金“为爱奔走”益行助学活动的志愿者们。

国海富兰克林基金将教育扶贫作为履行企业社会责任的工作重点，自2016年起每年开展“为爱奔走”益行助学活动，累计为国家级贫困县田东县的多所小学捐建67个标准化图书角，4 690本经过专家审定、分龄配置的图书，以及爱心鞋、文具等助学物资。

爱心牵挂布兵小学，阅读照亮未来

“为爱奔走”是一项由国海富兰克林基金主办的系列公益活动，融合了公益、行走锻炼及助学三项目标。国海富兰克林基金号召员工、合作伙伴、社会爱心人士加入志愿团队，通过积累尽可能多的行走步数来换取“爱心值”。活动期间，平均日行5万步以上的5人小团队即可获得爱心图书角捐赠资格。

国海富兰克林基金捐建图书角之一的布兵小学是全镇唯一的寄宿制小

学，2019年共有寄宿学生345名，留守儿童143名。据学校老师介绍，近年来国家在乡村教育上投入了大量的资源，现在学校的硬件教学设施、学生免费午餐等都已经比较到位，但课外书等软性教学资源还有待补充，学校原有的课外书，有的内容不符合少儿阅读爱好，有的比老师们年龄都大，破损严重，远不足以满足孩子们自由阅读的需求。

国海富兰克林基金捐建的图书角委托专业公益组织“担当者行动”教育基金会配置，每个图书角都配有70本国内外经典图书，经由国家书目审定委员会专家审定，根据六个年级学生的不同阅读基础针对性配置，涵盖人文、艺术和科学三大领域。

在布兵小学，国海富兰克林基金的志愿者们将打包好的图书搬进教室，孩子们蜂拥围上来，争着帮忙打开包装。“绿色那本是《伊索预言》！我看见了！”孩子们兴奋地讨论着，纯真的笑颜分外灿烂。

志愿者们带领孩子们一起动手，将书籍整理分类、贴好标签、盖章上架。未来，每个孩子都可以自由借阅图书角的图书，并将由学生们选出“图书管理小能手”，与班主任共同管理本班图书角的日常维护和借阅登记。

布兵小学校长表示，收到这批捐赠后，一个孩子从一年级到六年级总共能接触到420本优质图书，学校将组织老师们带领孩子们好好利用这些资源，培养阅读能力，养成阅读习惯，缩小与经济发达地区教育资源的差距，孩子们在小学期间认真阅读几百本书，成绩一定不会比城市孩子差。

事实上，对于贫困地区的少年儿童来说，阅读课外书的意义不仅在于学习知识，更多的是开阔视野、塑造精神，见识到世界有多么广阔、人生有多种可能，明白奋斗能改变命运，帮助他们走向充满希望和期待的未来。

情系乡村教育，让师资优秀成长

国海富兰克林基金在对2018年获赠图书角的田东县作登瑶族乡大板希望学校进行回访时，与校长和教师代表深入了解了图书角的使用情况、学校阅读建设情况和孩子们的读书习惯。大板希望学校校长表示，孩子们的求知欲和好奇心都很强，学校也非常重视阅读引导和语言教学，“通过组织朗诵比赛、讲故事比赛、图书分享等多种形式，孩子们的语言表达能力、自信心和表现力显著提高，逻辑思维能力也有很大进步，中低年级的孩子们逐渐能够在看完绘本后复述甚至延伸讲出一个新的故事”。

田东县教育局工作人员也表示，少年儿童“经常在玩手机和看书之间徘徊”，而手机信息往往是碎片化信息，太过杂乱，还有一些片面甚至极端的信息，对孩子们“有效阅读”效果不明显，孩子们在少年时期还是应当回归书本；老师们在其中应扮演“有协助能力的大人”的角色，既要推荐优秀书籍，也要充分考虑不同年龄段孩子的兴趣，并及时与孩子们沟通阅读感受，进行正向反馈和引导。

因此，提升乡村教师的教育教学水平，也是教育扶贫中极为重要的工作。在“为爱奔走”益行助学项目中，国海富兰克林基金委托专业公益组织“担当者行动”，为受捐学校提供本地师资力量培养、儿童阅读课程等长期、深度、系统化的配套服务，力争使项目受助学校的孩子们读得到书、读得有效果，同时也服务于当地优秀师资的成长，让乡村教师的教学思想、理念、方法得到有效更新，助力中国乡村基础教育高质量发展。

隐形的翅膀　带来飞的希望

——德邦基金富寨小学公益活动

元阳县是云南省红河州下辖县之一，县境位于云南省南部，东西横跨74公里，南北纵距55公里，面积2 189.88平方公里。元阳县土地全为山地，无一平川，最低海拔144米，最高海拔2 939.6米，相对高差2 795.6米。元阳县的红河哈尼梯田享誉世界，是哈尼族人1 300多年来世世代代手工雕刻的山水田园风光画。

德邦基金一行抵达大山深处的云南元阳县富寨小学

在元阳县风光旖旎的自然风光下，生活着一群至今仍在贫困线以下的人们，他们祖祖辈辈、世世代代生活在深山里，被一眼望不到头的群山阻断了通过外面世界的道路。

当地有很多这样的崎岖山路

“再穷也不能穷教育，再苦也不能苦孩子。”教育是立国之本、强国之基。对于一个国家级贫困县而言，教育是惠及全县人民的幸福工程，寄托着数以万计的家庭对于未来美好生活的殷切期盼，是促进社会公平与社会和谐、增强民族凝聚力的重要基础。

纵使上海与元阳相隔2 500公里之遥，千山重重，路途迢迢，德邦基金管理有限公司（简称“德邦基金”）心系山区儿童，情牵乡村教育，在董事长左畅的带领下，为元阳县沙拉托乡富寨小学的孩子们送上一份温暖，献上一份爱心。

德邦基金走进云南富寨小学捐赠现场留念

富寨小学是一所依山而建的学校，坐落于群山之中的一个山头上，四周峰峦叠嶂，时而云遮雾绕，时而阳光明媚，宛如一方净土。在这空灵澄澈的纯净之地生长的孩子们，天真烂漫，质朴天然。

热情向上的云南富寨小学的同学们

德邦基金一行徒步赶往富寨小学

位于元阳县沙拉托乡的富寨小学创办于1953年，学校六经易址，于2001年迁至现在所在的山头。学校的招生范围覆盖1个行政村，7个自然村，一年级至五年级现有在校生433人，另外还有学前班学生45人。全校共有11个班级，11位老师，每个老师负责一个班级。

同学们可爱的笑脸

受限于有限的师资力量，老师的教学范围并不受学科限制，几乎每位老师都要从早到晚地全科授课。为了避免班级学生对单一老师教学模式“审美疲劳”，老师们也会经常调换一些班级授课，努力为学生们创造“新鲜感”。

在白校长眼里，富寨小学是一所承载农村孩子梦想的乡村小学，是大山孩子远视山外世界的梦想窗口。富寨小学的校训是“千教万教教人求真，千学万学学做真人”，这些文字被印刷在教学楼非常醒目的地方，时刻提醒着全校师生要有“求真”之心。

白校长带领德邦基金一行参观富寨小学

一家公司的能力是有限的，但来自社会的力量是无限的。德邦基金呼吁广大社会爱心人士多多关注祖国贫困县的孩子们，一起助力公益活动，创设爱与感恩的美好世界。

大山中好奇快乐的精灵

“德邦暖心”捐赠仪式现场

爱传递 · 再生电脑教室

——富国环保公益基金会项目走进陕西潼关

志愿者与学校校长学生合影

“河流打野犹嫌束，山入潼关不解平。”自古以来，潼关便是东入中原、西进西域的必经之道。2019年11月13日至14日，富国基金管理有限公司（简称“富国基金”）环保公益基金会，携手上海众谷公益青年发展中心齐聚陕西潼关，拜访了坐落于峰峦如聚的秦岭山脉脚下的潼关县零公里实验学校和安乐镇中心小学，共建“爱传递·再生电脑教室”公益项目，捐赠44台再生电脑并搭建两所电脑教研室，用行动为孩子们的未来筑梦。

富国基金向学生捐赠书包

2012年，富国基金出资成立了基金行业内第一个以环保为主题的公益基金会——上海富国环保公益基金会。自成立以来，基金会始终遵循环保公益宗旨。

2018年，基金会秉承着扶贫先扶智、以教育为本的环保公益精神，加入到“爱传递·再生电脑教室”的团队中，集结公司上下之力为有需求的希望小学捐赠电脑设备，搭建电脑教室，开设培训课程。该项目将“环保”和“教育”有机结合，大大丰富了公益项目的外延。捐赠仪式结束后，来自富国基金和众谷公益的志愿者为孩子们带来了妙趣横生的电脑课，指导孩子们如何使用电脑画图，在之后的主题班会课上，来自富国基金的领导和志愿者们与孩子进行游戏，课堂气氛活跃，一片欢声笑语。

主题班会课做游戏

富国基金坚信，一个行业的真正价值不仅在于它所创造的利润，更在于它对社会所做的回馈和贡献。公募基金致力于为投资人获取长期稳健业绩的同时，也要积极投身公益事业，履行社会责任。

梦想与“礼物”

——光大保德信为孩子打造梦想成真的舞台

“耀·未来”梦想中心

2016年12月2日，由光大保德信基金管理有限公司（简称“光大保德信”）捐建、崇明教育局大力支持、真爱梦想基金会提供全程公益服务的全国第一间“6.0版本新一代梦想中心落成典礼”在上海崇明前哨学校举行。这是光大保德信基金从2010年起继云南、青海、甘肃、四川、广西等14个省之后，捐建的第18间梦想中心教室。

前哨学校梦想中心是崇明县第一家梦想中心。于2016年8月建造完成，9月投入使用，总面积85平方米，配置为目前最先进的梦想中心6.0版本。另外，梦想中心教室内还配备了3台3D打印机，1台扫描仪，35台平板电脑，以及1 000余册图书。

在这里，墙是彩色的，同学们可以天马行空地想象、描绘、涂抹；教室的课桌可以根据课程设置的不同随时挪动，增进同学们之间的互动；桌椅上的PAD，可以探究未知的世界；演讲台是鲜艳的，同学们可以敞开心扉畅所欲言……

今天，全国已经有上千所学校拥有梦想中心，超过260万师生，可以享受着充满好奇和欢笑的梦想课程，这其中就有光大保德信一直以来不断的关注和支持。

作为一家现代金融企业，光大保德信坚信企业社会责任是衡量企业价值的标准，并遵循专业理财、规范运作的原则，秉持价值投资的理念，以专业知识和良好的职业道德为中国老百姓的资产增值和财富保障做出贡献。

本着这样的信念，光大保德信自成立以来就以持续的行动来践行企业的社会责任。早在2008年，光大保德信就先后向上海浦东特殊教育学校、南方雪灾受灾地区、汶川地震灾区、新疆昌吉地区等陆续捐款。

2010年5月，公司捐资100万元，成立光大保德信“耀·未来”慈善专项基金，并在行业内成立首支员工志愿者队伍。同时，“耀·未来”专项基金持续开展的“乡村助学行动”，为孩子们建设“梦想中心”，受益的学校目前累计达29所，受益学生超万名。

在这间汇聚了各方心血的梦想中心教室里，孩子们体验的将是没有标准答案、没有考试的包括理财创业、情绪管理、绘本表演的梦想课。好奇心、想象力、独立思考、彼此尊重、大胆表达、同学之间的相互帮助与合作，将在这里实现并伴随他们成长。

在梦想中心，光大保德信旨在为孩子们打造一间“学会做梦”“敢于造梦”“勇于追梦”的地方，让每一个孩子能自信、从容、有尊严地成长。光大保德信希望孩子们在这里能感受到：一切都有可能不一样——教室可以不一样，课程可以不一样，方法可以不一样，梦想也可以不一样……

守护“珍珠”的光芒

2004年，珍珠计划的创办人王建煊先生发现部分高一新生没来报到，于是亲赴山区家访，获悉这部分学生是因为家境贫困而无力继续高中学业，只得在家帮持农活。他们品学兼优，却要面临辍学风险，好比“珍珠蒙尘”，实在可惜。因此王先生与浙江省新华爱心高级中学合作设立“珍珠班”，号召并聚集社会各界爱心人士合力捐助，为每位珍珠生提供高中三年共7 500元的生活补助。自2007年开始，捡回珍珠公益模式被正式推向全国。截至2018年12月，在全国25个省区市194所高中开办了1 249个珍珠班，有61 090名初高中生受益。

2018年，时逢“捡回珍珠计划”运行的第十五个年头，一直致力公益事业的光大保德信基金加入了“捡回珍珠”的行列。光大保德信秉承“用心回报社会”的企业理念，联手浙江省新华爱心教育基金会参与了2018年“99公益日”活动，利用企业自身号召力，在公司内外部形成良好的传播矩阵，并借助线上线下联动的力量，积极募集善款。在2018年那场为期3天的活动中，光大保德信募集善款共计25万元，成立了首个“光大保德信珍珠班”，并帮助了33位珍珠生圆梦求学路！

“捡回珍珠计划”中，来自四川凉山的彝族少年阿耳尔呷在小小的年纪，就已经懂得思考与担当，“我觉得凉山穷，不是穷在没有钱，环境是次要的，我觉得在文化上面应该是一条很好的路”……

他志愿以当地独特的彝族文化引路，让凉山富起来，期望更多的人都能有机会去外面的世界看看。

“银华花儿书屋”承载爱心与希望

——银华基金为贫困地区儿童点亮未来

作为一家全牌照资产管理机构，银华基金管理股份有限公司（简称“银华基金”）一方面踏实经营稳中求进，另一方面牢记自身的社会使命，致力于践行企业社会责任。银华基金深知，在创造财富、实现利润的同时，有义务承担起回报社会、增进社会福利的责任，从而立足于为子孙后代创造一个更美好的明天，长期重视公益慈善事业的发展，通过一系列的“亮未来”公益活动项目和社会慈善事业、员工自发的捐助捐赠，在扶贫、环保、教育和救灾等各个层面积极行动，传递正能量。

银华基金在扶贫工作中将对教育尤其是贫困地区儿童教育放在首位。

“扶贫必扶智”，教育扶贫和教育发展是农村脱离贫困的关键。“亮未来·教育”系列公益项目中，银华基金通过自发组织、与公益组织合作等方式，关注服刑人员子女、贫困地区儿童、农民文化建设以及国学研究等，累计捐款超过665万元，并捐助图书、电脑、学习用品等物品，资助贫困地区教育事业。

花儿书屋的创建

银华花儿书屋项目则是银华基金自发建立的公益项目。2013年，甘肃定西市岷县遭遇地震灾害，银华基金密切关注灾区震后重建工作，向岷县民政局捐款50万元，用于当地灾后重建工作。通过与当地民政局的接触，银华基金了解到当地贫困地区小学缺少图书、电脑等教学工具，便开始组织员工向当地小学捐款捐书。

2016年，银华基金捐助了一批电脑给甘肃省定西市安定区大庄小学，捐建了“银华基金爱心多媒体教室”，使得当地孩子有更多的机会接触互联网，了解“外面的世界”。多媒体教室筹建期间，银华基金员工了解到当地很多贫困地区的小学条件较为艰苦，孩子们往往缺少课外读物，鉴于此，银华基金的员工自发地向大庄小学捐赠一些适合小学生阅读的课外图书。同时，将这一具有特殊意义的活动向身边的亲人朋友、客户宣传广播，这就是“银华花儿书屋”这一教育扶贫项目诞生之初的模样。

2016年，银华基金启动“银华花儿书屋”项目，发动员工以及部分客户向当地贫困地区小学捐赠图书。第一家“花儿书屋”的捐赠来自“银华日利511880”两个微信群中的600多名参与者。

花儿书屋的延伸

甘肃省定西市安定区李塘小学始建于1938年，原址位于原312国道定西会宁交界处。1976年搬迁至定西市安定区宁远镇李塘村中心地带黄家川，占地面积2 216.1平方米。

2016年11月，银华基金员工第一次在“银华日利511880”微信群发起了“银华日利微信群捐书活动倡议书”。里面写道：“甘肃定西市安定区李家塘村是一个距离县城有50多公里的贫困村，当地的李家塘中心小学缺少一个图书室。如果您家中有闲置的、适合小学生阅读的书籍，非常欢迎提供给我们，我们将进行筛选、清洁和运输，并提供必需的援助，帮助李家塘小学建立起一个自己的图书室。”

倡议书在群里获得了热烈的响应，大家纷纷捐出图书，有些客户甚至特别购买了全新的儿童图书，邮寄到银华基金。大家还在微信群内集思广益，共同为爱心阅览室选取有意义的名字。为了使阅览室的名字听起来健康活泼、充满朝气，最终从56个备选方案中选择了“花儿书屋”，因为孩子是祖国的花朵，希望孩子们能在爱心书籍里采集阳光，茁壮成长，幸福像花儿一样。

截至2016年12月30日，银华花儿书屋共募集1 807本书籍，其中包括来自227名银华日利微信群客户的1 190本图书和53名银华基金员工的617本图书。捐赠的书籍有充满智慧的百科全书，有凝聚想象力的童话故事，也有充满力量的名人传记，琳琅满目的书籍承载着前人的智慧也承载了大家对孩子们的爱心和期望。2016年12月20日，李塘小学的爱心阅览室也已装修完毕，募集的书籍在春节前寄出。

2017年3月2日，李家塘小学“银华花儿书屋”捐建仪式在一个阳光明媚的上午举行，来自银华基金的员工代表、银华日利的客户代表和李家塘小学的师生们一起举办了一个简单而热烈的仪式。除了捐赠的图书外，大家还为李家塘小学的学生们带去了衣物、书包、文具等学习用品。

让爱持续

在大庄小学和李家塘小学的花儿书屋建立后，银华基金决定将这一公益项目长期坚持下去，并扩展到全国更多需要帮助的贫困地区小学。为此，银华基金的工作人员建立了与各贫困地区教育局的联动机制。首先，银华基金会与贫困地区教育局联系，了解当地学校情况，根据教育局的推荐，选择需要帮扶的偏远贫困地区学校。银华基金工作人员将于学校直接联系，了解情况及需求，根据学校的实际需求有针对性地进行物品募捐活动。

在前往各地小学的实地考察中，银华花儿书屋的工作人员发现，虽然在扶贫工作的推动下，近年来很多小学在校舍建设等“硬件”设施的改善上都有了很大进步，但是“软件”设施还急需加强。尤其突出的是，贫困地区小学的师资力量亟待加强。很多当地的老师年龄较大，年轻老师数量较少，且多为外地来支教的师范学院毕业生，很多支教教师1~2年就会离开，这使得当地师资力量不稳定，师资水平有待提高。

同时，很多贫困地区小学往往地处偏远，交通不便，有些村办的小学学生数量越来越少，经常会被乡或者镇上的小学合并，村里的孩子必须走更远的路去上学。而这些小学里，绝大多数是留守儿童，父母外出打工，家里只有年迈的祖父母，有时无力照顾，大多会选择住校。因此，他们对于上课之外的业务生活需求更高，体育用品、电脑、书籍成为他们丰富生活、了解外界的重要媒介。

针对这种情况，银华基金在捐赠物品上精挑细选了孩子们亟须的体育器材、书包文具、电脑等。至今，银华基金已在甘肃、江西、贵州及内蒙古等省的8个贫困地区小学建立了“银华花儿书屋”和“银华基金爱心多媒体教室”，累计捐赠电脑80余台，图书20 000余册，以及一批衣物、体育器材、书包文具。银华花儿书屋项目目前仍在继续。扶贫先扶智，让贫困地区的孩子们接受良好教育，是扶贫工作的重要任务，也是阻断贫困代际传递的重要途径。银华基金希望通过自己的力量，为所有的孩子点亮未来之路。

银华花儿书屋设立情况

2016年5月	甘肃定西大庄小学
2016年12月	甘肃省定西市安定区宁远镇李家塘小学
2017年1月	贵州省麻江县乐坪小学
2017年5月	江西省抚州市临川区荣山镇涟源中心小学
2018年2月	贵州省黔东南州麻江县坝芒乡小学
2018年7月	内蒙古自治区鄂尔多斯市恩格贝镇惠棋侨心小学
2019年6月	福建省龙岩市长汀县南山镇塘背小学
2019年10月	湖南省安化县梅城镇田心小学

定西市李家塘小学捐赠仪式

大庄小学银华花儿书屋内景

银华花儿书屋

贵州省麻江县乐坪小学

恩格贝镇惠棋侨心小学

贫瘠土地上的希望

——泓德基金2018年白嘎乡扶贫纪实

雪山、高原、土坯房里的村委会、山峦间偶尔冒出的炊烟、悬崖边的健身器材……再次来到白嘎乡，格外亲切。如果不曾来到这里，你大概不会相信，在这高山险峰之间，仍有人烟，他们祖祖辈辈，在这片广袤的土地上生活，日出而作、日落而息。

那曲是西藏自治区著名的虫草之乡，虫草偏爱旷世美景，也爱极了险恶的环境。

车子行驶在山路上，道路的一旁是悬崖，另一旁是高山，厚厚的云层悬浮在半山腰，路旁的护栏时续时断。行至半程，对面突然冲过来一辆车，司机猛踩刹车，正好在护栏中间的位置，车头几乎冲出悬崖。这条路就是孩子们上学的必经之路，我们不敢设想恶劣的天气，山路崎岖，路途遥远，四面八方的村子里，孩子们是如何汇聚到乡政府对面的小学、中学的。

“教育不是装满一个篮子，而是点亮一盏灯”，这是世界著名未来学家奈斯比特在“中国教育三十人论坛”上发表演讲时所说的一段话。白嘎乡具有极为特殊的地理环境和文化风俗，在这里，教育需要跨越的不只是父辈与孩子们之间的代沟，还有现代文明与贫困文化之间的鸿沟。

县扶贫办的同志告诉我们，这些年，中央和地方政府对于教育格外重视，投入也非常大，那曲地区、比如县已经出现了显著的改观，这里的校园、校舍都建设得不错，对于坚持接受义务教育的孩子，政府也会发放实物补贴，就是希望给孩子们一个良好的学习环境，以及学习的动力。

教育是百年大计，而改变往往发生在不经意间。这次，我们去到了一户“大家庭”。这一家总共养育了10个子女，排行老六的女孩叫索朗措姆，她今年刚刚大学毕业，已经被县里的一家保险公司录用。我们到的时候，她和妈妈正在采摘地里的甜萝卜。女孩格外活泼。她说，她在学校学习的专业是汉语言文学，所以她的汉语特别流利。妈妈微微有些胖，看起来特别结实，她不停地给我们的杯子里倒满酥油茶，看着女儿滔滔不绝的样子，满面笑容。

索朗措姆说，她参加了比如县的创业大赛，申报了一个虫草酒的创业项目，还得了奖。她希望这个想法能够付诸实施，让更多的人参与进来，了解她的家乡，并且和她一起为家乡改变做出努力。我们也被她感染，说：“不如录一段小视频吧，说说你的想法，我们一起为你传播出去。”录制最后一句话的时候，重复了两遍，她坚持要加上一句：“我们读了那么多年的书，就是为了要成为对社会有用的人，回报家乡。”

去往白嘎乡的路途艰险，回来之后，每每有人问起，“扶贫的路有千万条，翻山越岭是最为辛苦的一条，你们为什么要这样做？”想到那里的孩子们，那些羞涩的、真诚的脸，泓德基金更加希望，在他们走向远方的路上，能够给予一种陪伴，而关注本身也是一种陪伴。

当然，泓德基金无法奢望一个小小的举动，在短时间内带来实质性的改变。但是，泓德基金会坚持关注，把每一笔钱送到孩子们手中，一方面是想要看到他们的状况和改变；另一方面，也想让他们了解我们心里的期许。愿这样的期许，能够陪伴孩子们穿越大山大河，走向更加广阔的世界。

为了高原上的孩子

——华夏基金华夏人慈善基金会教育扶贫大步前进

华夏基金管理有限公司援藏项目

北京市华夏人慈善基金会是由华夏基金管理有限公司员工发起，并于2009年10月经北京市民政局批复正式成立的非公募基金会，原始基金数额为300万元，全部来源于华夏基金管理有限公司员工个人捐赠。截至2020年6月30日，基金会累计对外捐赠达3 099.48万元。

2014~2016年，华夏人慈善基金会共捐款303万元给申扎县完全小学、申扎县中学、申扎县第二完全小学，用于采购图书、服装、教学设备等物资，极大地改善了学校教学硬件水平，优化了师生教育环境。

西藏申扎县是纯牧业国家级贫困县。这里交通不便、信息闭塞，气候条件恶劣，高寒缺氧、空气稀薄，冰雪、风暴、强烈的紫外线如影随形。每年八级以上大风天气达104天，冰冻天气达279天，年平均气温−4℃，极端最低气温−31℃。由于地域条件、自然环境等方面的原因，牧业生产不够发达，牧民收入低，家庭经济收入的主要途径是卖牛羊，偶尔做一些临时短工，无其他经济来源。

在自然条件差而导致物资贫穷的同时，落后的思想观念也进一步加剧了贫穷的延续。学生贫困家庭占贫困生总数30%左右。这类贫困生的父母文化素质较低，对牧业科学知识掌握少，又缺乏经营头脑，外出打工无人要，在家放牧仅能糊口，其子女时刻面临失学的危险。天灾人祸及家庭变故，家庭成员有病，无力支付医疗费用，造成学生上学困难，单亲家庭或父母双亡造成贫困学生，这类学生约占贫困生人数的25%。

申扎县完全小学创建于1962年7月，是申扎县教体局直属的基础教育公办寄宿制学校。全校600余名学生中，95%以上的学生来自牧区，很多孩子都是贫困生，家庭的微薄收入不能满足家庭人口的生活需求，学生们几乎没有零花钱，学习用品很缺乏，有些连基本的生活用品都没有。

申扎县中学，1995年10月建校，属于西藏自治区四十大庆六十二项目之一，是申扎县第一所也是唯一一所初级中学，现为那曲地区初级中学示范学校、全国未成年人思想道德建设先进单位。申扎县中学的建成结束了申扎县没有中学的历史。

皑皑雪山和孩子们灿烂的笑容

只能用牛粪火炉取暖的孩子

受经济和环境的影响，学校不能为学生提供较好的学习、生活、成长条件，学校现在仍然沿用1995年建校时的铁皮房作为教室；20年前建的学生食堂沿用至今，已是破旧不堪；教师们的桌椅数量不够，通常是几个老师挤在一张桌子备课、批改作业。新分来的教师几乎是站着备课。

仍在使用的1995年建校时的铁皮房教室

破旧不堪的学校食堂

申扎县第二完全小学，2012年8月建校，属于全寄宿制学校，2015年获得那曲地区“民族团结先进集体”，2016年获得教育教学成绩优秀奖。由于经济困难，学习用品缺乏，学生在课余时间只能用手在地上写字练字。宿舍条件差，桌椅残缺，课余时间只能在宿舍地上或床上蹲着吃饭、完成作业。

学校简陋的健身器材

没有桌椅，六年级学生在宿舍内蹲着写作业

2015年，基金会组织华夏基金3名志愿者到申扎县实地考察。申扎县冬季气候寒冷，老师和学生们都是在严寒下学习、睡觉，条件确实很艰辛。学校努力创造先进的教学模式，采取小组讨论式课堂教学，合理组织学生搭配组合，激发同学们的想象力；老师们放弃优裕的内地生活远离妻子家人，当地的老师学成归来反哺家乡，他们在高原在申扎为学生为教育奉献着青春年华，正是他们的坚持与奉献才成就了学生，成就了教育事业。学生们刻苦学习不畏艰辛，在这么艰苦的条件下学习、生活、成长。藏北高原的孩子，在努力着，期盼着有鱼跃龙门的一天。志愿者问孩子们长大了想做什么，他们的回答是：要努力学习，增长自己的科学文化知识，长大后成为国家的栋梁之材，为建设自己的家乡发挥力量。

课余时间在校园内玩耍的孩子们

2014年，华夏人慈善基金会为申扎县完全小学师生捐赠图书1 500册，服装1 869套，空调35台，笔记本46台，复印机9台，打印机9台，物资合计现金人民币99.50万元。

基金会捐赠给申扎县小学的物资

2015年，华夏人慈善基金会向西藏申扎县中学捐款103.84万元，用于采购各种办公设备。

2016年，华夏人慈善基金会向西藏申扎县第二完全小学捐款100万元，用于添置多媒体触屏电视电脑一体机、点读机、教室电子白板实物展示台、稳压器等教学器材，购买就餐餐桌、宿舍窗帘、鞋架、衣架藏式羊毛保暖垫子等各类生活物资。

基金会连续三年的捐赠，极大地改善了申扎县小学和中学的教学环境，优化了教学设施，提高了老师和学生们的生活质量。2019年，经西藏自治区人民政府研究，批准申扎县退出贫困县（区）。随着申扎县经济条件和教育环境的改善，我们相信申扎县孩子们的明天也会越来越好！

北京市华夏人慈善基金会将秉承华夏基金人一贯以来兢兢业业、追求卓越、为信任奉献回报的精神，坚定信念、勤俭执业、科学管理、用心经营，以实际行动和努力，照亮黑暗，温暖寒冰，让世界变得更加美好。

捐资助学　爱心楷模

——汇丰晋信基金扶贫公益走好每一步

2019年10月，岢岚县迎来了降温寒潮，寒风中，汇丰晋信基金管理有限公司（简称“汇丰晋信基金”）带着员工们的拳拳爱心，将温暖送进了12个贫困家庭中。

汇丰晋信基金员工与岢岚县领导、岢岚中学领导及受助学生家长合影

在我们的印象中，高考虽然是千军万马过独木桥，但只要成绩足够优秀，上学似乎就不是难事。但其实，很多孩子无法去自己心仪的学校继续深造，并非是因为成绩不够理想，而是因为家庭贫困，负担不起学杂费和城市的生活费。

岢岚中学的12名莘莘学子，就是生在这样的贫困家庭。他们在2018年以优异的成绩考入心仪的大学，在最初入校的欣喜过去后，反而是在忐忑中度过每一天，不能像其他的学生一样享受丰富多彩的大学生活，生怕自己的学杂费让家庭不堪重负，有些孩子还要挤出自己课余时间打工，有些孩子到了大城市学习生活，都没能去市中心看一看。这一次，我们为这12个学生、为这12个家庭分别送上“万元助学金”，希望让这些学子们能够无后顾之忧地安心学业，早日为中华民族的伟大复兴贡献自己的力量。

汇丰晋信基金代表、岢岚县领导、岢岚中学校方代表及
受助学生家长参加捐资助学仪式

在这次公益之行中，山清水秀、民风淳朴的岢岚县给我们留下了深刻的印象，岢岚中学的孩子们渴望读书的眼神也深深地打动了我们。这些成绩优异的学生，他们的大学梦已不仅仅是对知识的渴求，还包含着整个家庭对他们的希望，他们也希冀通过读书来改变自己、家庭以及家乡的生活和命运。帮助这些贫困学生完成学业，也许就是阻止贫困代际传递的第一步；助力他们完成人生的转折，也是汇丰晋信的使命和责任。

汇丰晋信基金接受岢岚县领导颁发奖牌

2020年是汇丰晋信基金走在公益之路上的第12个年头。正如我们“对投资人的责任没有终点”这一公司理念，我们在公益上也始终坚信长期的力量。

12年光阴，汇丰晋信基金的公益脚步未曾停下，而且越走越有动力，因为每一次这些微小的善意，看到孩子们充满希望的笑容，每次都会感慨原来我们能够带给需要帮助的人很大的鼓励，让我们看到，未来星星之火，真的可以燎原。也正因如此，汇丰晋信基金的公益之路，每一步都坚实有力。

2020年是决战脱贫攻坚、决胜全面建成小康社会的收官之年。2020年，我们也将总结过往12年公益项目的经验，鼓励全体员工参与更多的公益活动，同时发挥金融机构的行业专长，整合资源，积极承担和履行企业公民的社会责任，为接下来更多的公益项目做好准备。未来，我们做公益、做慈善的脚步不仅不会停滞，反而会走得更坚实有力。

启“智”扶贫　授人以渔

——建信基金吹奏扶贫公益的新乐章

建信基金管理有限责任公司（简称“建信基金”）成立十余年来积极履行社会责任，持续贯彻落实党和国家关于扶贫工作的指示精神，长期开展公益扶贫活动，累计投入超925万元。公司发起了以扶“智”为主要目标，以“以知识开启希望，用教育点亮人生”为愿景，由“读得到书”“上得起学”“全面成长”三个主题组成的启“智”扶贫公益项目。

读得到书：建信基金希望工程图书室

书是人类进步的阶梯。对于城市中的孩子们来说，有宽敞明亮的公共图书馆、校内图书室可以使用，随时可以非常方便地获取知识，但在千里之外的乡村，不便的交通、有限的收入、繁重的劳动，让承载知识的书本变得遥不可及。面对这种困境，建信基金积极行动，与中国青少年发展基金会合作，开展“建信基金希望工程图书室”公益活动，在陕西、四川、湖北、云南和甘肃等省份的贫困地区学校筹建10所“建信基金希望工程图书室”，为每个图书室提供约1 000册图书。希望在接下来的数年中，这些图书将会陪伴这些孩子一路成长，点亮孩子们的心智，富足他们的心灵。

上得起学：建信基金金色助学计划、“相伴成长”助学计划

“不学诗，无以言；不学礼，无以立。”从古至今，学习都是一个人成长

中必不可少的阶段。但是，并不是每一个孩子都有学习的机会，很多家庭拮据的经济条件让孩子们不得不放下书本，早早地加入繁重的劳动中。

建信基金在成立之初就发起了“金色助学计划”。自成立以来，建信基金“金色助学计划”已先后走进北京大学、吉林大学、长春理工大学、华南理工大学、新疆财经大学和西北师范大学6所高校，累计捐赠360余万元，600多名学生受益于该助学计划。

为了进一步深化扶贫效果，公司发起“建信基金‘相伴成长’助学计划”。首先，公司联系建行当地驻点扶贫干部进行入户精准识别，选定了一批优秀贫困学生；随后，由建信基金党委牵头，在公司内发起号召，鼓励公司员工积极参与，与贫困地区学生建立一对一帮扶关系。公司员工踊跃报名，经过党委选拔，最终选定了30位党员。在接下来的3年中，建信基金这30名党员将持续为受帮扶的学生提供捐助，使他们有机会接受更好的教育。

全面成长：建信基金“希望号角”鼓号队

青少年时期是良好品德形成的重要时期，青少年是国家的未来，是民族复兴伟业的肩负者，是华夏文明的继承者和传承者。人无德不立，业无德不兴，在积极推进贫困山区知识教育的同时，思想教育工作也刻不容缓。但是很多贫困地区学校由于基础设施建设薄弱，无法组织开展少先队活动。了解到这一情况，建信基金与中国青少年发展基金会合作，进行“希望号角鼓号队”公益捐赠，计划为10所农村贫困地区学校捐赠“希望号角鼓号队”装备。截至2018年上半年，已陆续为河南省新乡市、广东省云浮市、陕西省安康市的7所贫困小学捐赠了鼓号队相关活动用品，以鼓励基层少先队组织开展相关培训和活动，活跃少先队组织生活，服务农村少年儿童快乐生活、健康成长、全面发展。

在公益扶贫的道路上，建信基金不会止步。公司将持续投身扶贫公益活动，以己之力回馈社会，持续发起范围更大、针对性更强、作用更直接、效果更可持续的扶贫公益项目，为国家的扶贫事业贡献更多力量。

中国建设银行
China Construction Bank
我们在一起
建信基金管理有限责任公司

中国红领巾·希望号角
项目资助校
全国少工委办公室 中国青少年发展基金会
建信基金管理有限责任公司
2018年6月

关爱儿童成长　培养“追梦人”

——景顺长城基金在公益扶贫路上大步前进

小玉小学的“午餐计划”

广东省肇庆市封开县南丰镇小玉小学地处广东省西部山区，当地人均年收入3 000元，农民主要靠种植水稻为生，主要经济来源为外出务工。由于青壮年外出谋生，空巢老人和留守儿童构成当地主要的常住人口。在经济条件相对欠发达的情况下，小玉小学的生源覆盖周边6平方公里的38个行政村，在校生以走读方式上课，学生每天上学需要花1～2小时在陡峭的山路上行进。由于交通不便，在学校解决午餐成了大部分学生的单项选择题。

“免费午餐”项目调研组前往小玉小学探访的时候，正值学生吃午餐时间。整个学前班20多名同学，一份煎鸡蛋或者有两个炒菜，已经是最好的午餐，更多的同学只有白米饭、白粥、斋面，没有其他配菜。一个孩子甚至是用瓶子装着午餐的粥，她没有饭盒……孩子吃饭的时候，吃得很快，因为分量很少。也有几个孩子，他们就没吃午饭，随便啃个玉米或者吃点其他的东西，就跑去玩了。学校的厨房条件也是让人心酸，破旧、有年代感，老师虽然有心，但条件有限。

在看到小玉小学学生的处境之后，景顺长城基金管理有限公司（简称“景顺长城基金”）出资15万元，支持学生们吃上有营养的、热腾腾的午餐。同时，在“9·9腾讯公益日”进行了配捐活动，线上配捐共吸引2 005名网友参与，为小玉小学免费午餐项目新增捐款28 773.29元。

2018年11月，小玉小学秋季学期开学两个多月之后，景顺长城基金工作人员对学校进行了实地探访，亲眼见证小朋友们在环境整洁的食堂吃上热气腾腾的午餐。虽然校舍环境普通，午餐配菜也算不上精致，但学生们纷纷表示比以前好太多。看到学生们就餐时的放松状态和餐后在操场上无忧地嬉闹的身影，景顺长城基金工作人员更加认识到公司参与公益项目的重要意义。

参加真爱梦想项目

通过参与小玉小学免费午餐项目，景顺长城基金认识到“留守儿童”是经济不均衡发展和城镇化过程中出现的一群特殊群体，他们需要物质条件的改善，也需要精神生活的慰藉。除了午餐之外，山区孩子在学校硬件、个人生活上已经有比较多的政府和企业捐助的支持，而软件上缺乏推动力，孩子们自主学习的能力和视野上比较受限制。解决温饱问题的同时，也要培养健康的人格和心态，这使得景顺长城寻找到了又一个公益合作伙伴——上海真爱梦想公益基金会。

真爱梦想项目刚好能够成为贫困地区孩子素养教育的推动力，他们为学校设立梦想中心，编制了相应的课程，培训老师以及志愿者为学生上素养教育课，打开孩子的视野，重视对其人格的培育，并有相对完善的机制实现企业、学校、政府之间的联动。在管理上引入上市公司信息披露机制，善款使用和项目管理透明度高。景顺长城基金又义无反顾地参与了真爱梦想项目，定向为四川省阿坝藏族羌族自治州松潘县城关小学建立一所梦想中心，让孩子们接受梦想课程，培养其主动学习、探索的意识。

城关小学的追梦人

松潘县地处青藏高原东缘，较为偏远，教育资源与内地城市间存在差异。松潘县城关小学在校学生超过1 500名，其中八成以上是回族、藏族、羌族等少数民族。景顺长城基金捐赠的梦想中心于2019年9月完工，在多媒体教室的设计理念上遵循“多彩空间激发学习热情、科技教育产品促进教育均衡、师生平等交流”的理念，配置可随意移动的协同学习组合式桌椅，还有30台全新IPAD以及温暖舒适的阅读角。软件上，以“问题比答案更重要、方法比知识更重要、信任比帮助更重要”为理念研发了系列梦想课程，通过“合作、体验、探究”的学习方式构建学生适应社会的健全品格和关键能力，帮助学生成为“求真、有爱的追梦人”。梦想课程纳入学校教学任务及学生课程，不同年级的孩子有不同的课程体系，是一门必修且保证一定学时的课程。

2019年11月，景顺长城基金工作人员体会了一节梦想课程《让身体动起来》，孩子们了解身体构造，分成小组发挥想象力搭建各种主题造型。

“少年强则国强，少年智则国智，少年富则国富，少年独立则国独立，少年自由则国自由，少年进步则国进步”，青少年的健康成长，关系着祖国和民族的未来，儿童教育是景顺长城基金公益扶贫的重要方向。关爱儿童教育，景顺长城基金在行动。

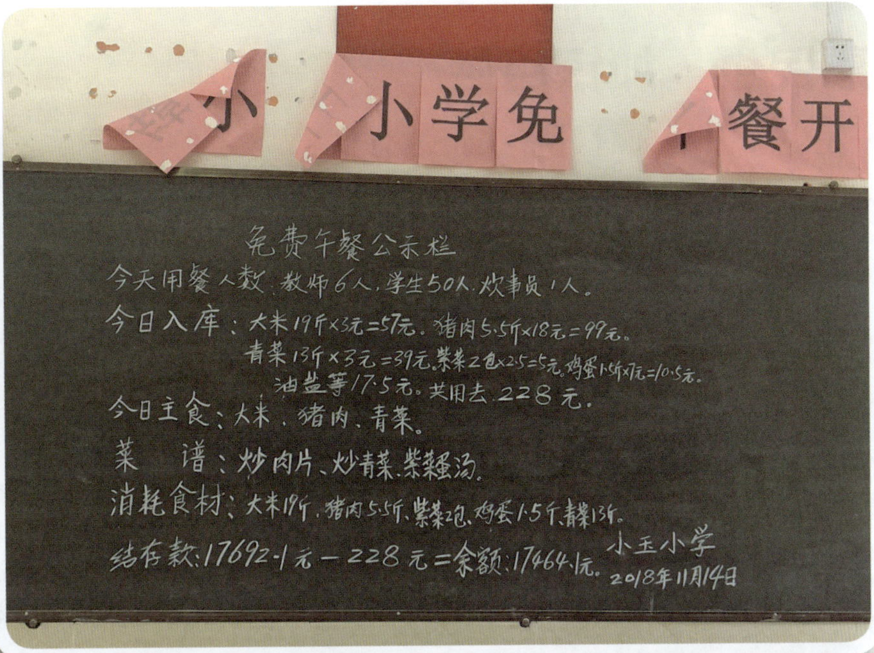
小学免
餐开
免费午餐公示栏
今天用餐人数，教师6人，学生50人，炊事员1人。
今日入库：大米19斤×3元=57元。猪肉5.5斤×18元=99元。
青菜13斤×3元=39元。紫菜2包×2.5=5元。鸡蛋1.5斤×7元=10.5元。
油盐等17.5元。共用去228元。
今日主食：大米、猪肉、青菜。
菜　谱：炒肉片、炒青菜、紫菜蛋汤。
消耗食材：大米19斤，猪肉5.5斤、紫菜2包、鸡蛋1.5斤、青菜13斤。
结存款：17692.1元－228元=余额：17464.1元。
小玉小学
2018年11月14日

景顺长城基金梦想中心公益项目启动仪式

普惠民生　加银百姓

——民生加银基金对口帮扶张弛有度

大桥村的蜕变

2018年初，应全国政协机关在安徽省六安市舒城县挂职扶贫干部张海鸿（挂任副县长）邀请，民生加银基金管理有限公司（简称“民生加银基金”）派出考察组，深入国家级贫困县、大别山革命老区县——舒城县进行扶贫考察。舒城县是鄂豫皖革命根据地的组成部分，游击战争时期，是红二十八军、皖西北独立游击师的主要根据地之一。1938年新四军第四支队进驻舒城县西南山区东港冲和西港冲，东、西港成为新四军第四支队指挥机关的驻扎地，是皖中、皖东抗日游击根据地指挥中心。

在了解到舒城县庐镇乡大桥村的党群活动中心年久失修，不能满足党员群众活动要求，也不符合安徽省委组织部的基层党组织标准化建设要求后，民生加银基金考察组主动提出到当地实地勘察，了解大桥村党群活动中心的改造计划、资金需求、未来用途等情况，并向公司提交了考察报告，建议公司进行对口帮扶。

随后，民生加银基金（含子公司民生加银资产管理有限公司）投入专项资金20万元开展党建扶贫，帮助大桥村修缮改造废弃的原村小学教学点。在民生加银基金的资金帮扶下，大桥村于2019年初建成了达到安徽省委组织部“2141”标准（党员活动场所达200平方米、党员活动室100平方米、为民服务大厅40平方米、村公开栏10平方米）的村级党群活动中心，为该村顺利通过“脱贫摘帽”考核做出了贡献。对此，舒城县委县政府给予充分肯定，大桥村的党员群众表示十分感谢，并专门给民生加银基金赠送了题为“精准扶贫办实事、情系老区暖人心”的锦旗。

扶贫综合行动

2019年初，了解到国家级贫困县河南封丘县的农产品有销售需求时，民生加银基金拨出专项扶贫资金十几万元进行消费扶贫，向封丘县采购了一批石磨小米、铁棍山药等当地特色农产品，为封丘县在2019年达到脱贫摘帽标准、正式退出贫困县序列贡献了力量。

2020年初，了解到国家级贫困县河北省张家口市沽源县有农产品销售需求时，民生加银基金又拨出专项扶贫资金十几万元进行消费扶贫，采购了一批口蘑、红米、黑米等农产品。

2020年6月，民生加银基金积极响应基金业协会倡议，通过认养20棵树的方式，连续三年参与“认养汾西玉露香梨消费扶贫活动”。

目前，在党建扶贫、消费扶贫的基础上，民生加银基金还在积极与帮扶过的国家级贫困县安徽省舒城县、河南封丘县沟通，通过教育扶贫和产业扶贫等形式，根据当地需求、自身能力适时推进扶贫工作。

慈善公益活动

一路走来，始终如一。民生加银基金是这么说的，也是这么做的，不光扶贫工作如此，捐资助学等其他慈善公益活动也如此。2016年以来，民生加银基金连续四年为蒲公英中学发起募捐活动，先后筹集70余万元助学金以及书籍等物资，并建设民生加银多媒体教室。2015年，民生加银基金开展了“六一”“送温暖，送爱心”捐赠活动，将募集善款及爱心物资捐助给甘肃会宁县郭城驿大羊营地区希望小学及周边村镇儿童。2014年，民生加银基金为西藏日喀则地区贫困儿童和深圳特殊需要儿童早期干预中心募集善款，并前往深圳特殊需要儿童早期干预中心进行爱心探视。2013年，民生加银基金为地震灾区四川省雅安市祈福并筹集善款捐赠给中华慈善总会，并前往北京东城区培智学校、深圳社会福利中心儿童福利院爱心探视。2011 年，民生加银基金积极响应“广东扶贫济困日”活动号召，自发捐赠善款等。

舟大者任重，马骏者远驰。民生加银基金成立十多年来，始终秉承“普惠民生、加银百姓”的企业使命，坚定履行企业的社会责任，在脱贫攻坚、捐资助学等各项公益活动中持续发力，争当新时代企业社会责任的积极践行者。

初心不渝　爱在南方

——南方基金为公益扶贫不遗余力

南方基金管理股份有限公司（简称“南方基金”），是国内首批获中国证监会批准的基金管理公司之一，以打造“值得托付的全球一流资产管理集团”为愿景，秉承“为客户持续创造价值”的使命。

2013年4月20日，四川省雅安市芦山县发生7.0级地震，震源深度13公里。当地震感强烈、余震不断。据雅安市政府应急办通报，震中芦山县龙门乡99%以上房屋垮塌，卫生院、住院部停止工作，停水停电。截至2013年4月24日10时，共发生余震4 045次，3级以上余震103次，最大余震5.7级。受灾人口152万，受灾面积12 500平方公里。

“4·20雅安地震”发生后，南方基金第一时间行动起来，迅速通过公司旗下南方基金慈善基金会捐款200万元，用于兴建雅安地震灾区天全县兴业乡第一中心小学，帮助灾区的孩子们尽快走出地震阴霾，及时为孩子们建造宽敞明亮的教学楼。同时，南方基金积极号召内部员工自发向雅安灾区捐款捐物。

2015年9月，南方基金慈善基金会倾情援

建的南方基金雅安希望小学新教学大楼在四川雅安天全县兴业乡落成并正式投入使用，孩子们在窗明几净的教室里迎接新学期到来。当天，来自中国青少年发展基金会、天全县团委与县教育局、南方基金慈善基金会的代表及希望小学全体师生共计200多人，共同参加了南方基金雅安希望小学开学典礼暨新教学楼落成仪式。仪式上，南方基金员工代表向孩子们发放了专门为孩子们定制的新校服及南方基金客户、员工捐赠的教辅书籍，孩子们也回赠了亲手制作的手工艺品。在一曲《明天会更好》的稚嫩歌声中，仪式圆满结束。

青少年是祖国的未来、民族的希望，雅安南方基金希望小学的孩子们正处在人生打基础的阶段，他们不幸地经历了地震灾害的磨难，但相信来自祖国四面八方的“爱”能够抚平他们的伤痛。南方基金愿意用实际行动去继续帮助他们学习知识，成长成才，为他们插上追梦的翅膀。

2008年汶川地震发生后，南方基金先后为灾区捐款近600万元，是当时捐款最多的基金公司之一，同时启动了“持有人应急关怀计划”，公司客户服务部对灾区持有人逐个进行外呼，并开通服务热线，了解持有人的实际困难，提供力所能及的“点对点”帮助。

2009年，南方基金发起“重返地震现场，爱心接力升级”活动，包括援建映秀小学，走访慰问基金持有人，把灾区群众所需物品制作成“爱心包裹”，寄送给灾区受灾群众，把温暖再次送到灾区。2010年，云南玉树、甘肃舟曲地震，南方基金先后两次启动“温暖300计划”特别捐助行动，紧急向灾区捐款120万元，用于救灾和灾后重建工作。

未来，南方基金将继续深入学习贯彻习近平总书记关于扶贫工作的重要论述和指示精神，进一步完善企业社会责任的工作机制，积极探索精准适配的社会公益资源，加大与政府有关部门及其他公益组织的交流合作力度，为助力国家高质量打赢脱贫攻坚收官战贡献自己的力量。

绿洲深处的“天彩”
——浦银安盛基金喀什市乃则尔巴格镇皮合森村扶贫见闻[①]

当车窗外的风景从高大的乔木转为低矮的灌木丛，楼房渐替为棕黄色的平房的时候，我们的扶贫点就到了。这次我是作为浦发集团成员、浦银安盛基金管理有限公司（简称“浦银安盛基金”）的公司代表，第一次参与集团的扶贫考察工作，与浦发集团的一群热血同仁一起前往南疆，来到浦发银行援疆扶贫工作第一线、南疆深处的一个贫困村——新疆喀什市乃则尔巴格镇皮合森村。

皮合森村的变化

沿着平整宽阔的村道，我们的第一个落脚点就是皮合森村民活动中心。村民告诉我们眼前这个设计规整、宽敞明亮的活动中心占地大约800平方米。在这个活动中心，皮合村村民们经常举办各类文化活动，逢年过节还会在这里举办各种文艺演出，极大满足了这里数百名村民的精神生活需要。

一进村民活动中心，数百名村民朋友非常热情地欢迎着我们。他们个个能歌善舞，拉起我们一起跳舞。维吾尔族朋友们热情非常有感染力。面对这样热烈的场面，我们也无暇羞涩，一起跳起民族风的舞蹈来。

---

① 作者李可（浦银安盛基金）。

活动中心前这一规整的水泥地面在两年多前还是一片泥泞的沙土地，进村的道路也是坑坑洼洼的土路。2017年2月，浦发银行派出“访民情，惠民生，聚民心”驻村工作队来到喀什市乃则尔巴格镇皮合森村，深入基层，扎根乡村，融入群众，经过两年多的时间，修路造房、建学校、建医院，解决了许多关系群众切身利益的实际问题。

在村里，我们一路看到还有居民的房屋在修整和建设当中。原来在“访惠聚”驻村工作队的帮助下，皮合森村很多户村民申请到了房屋补贴，能够建起新居。

“扶贫先扶智，扶智先通语。”很多村民听不懂普通话，但很多孩子已经可以用流利的普通话和我们交流。目前新疆已基本实现15年的免费教育，孩子可以无负担上学学习普通话以及各科知识。

天然彩棉是当地的一项特色农业，田间吐絮时就具有天然色彩，色泽古朴典雅，自然天成。作为“精准扶贫”的政策落实，浦发集团与中国彩棉集团合建了精准扶贫卫星工厂，给皮合森村里需要兼顾家庭无法外出务工的妇女提供了就业平台。

为了进一步支持对口援疆精准扶贫政策，浦银安盛基金工会积极组织采购了皮合森村彩棉厂各类毛巾产品，慰问公司员工及家属，支持精准扶贫，产业造血。

注重扶志、扶资、扶智相结合，通过当地优势产业如农业、纺织、旅游等提高“造血”功能，让当地民众与援建企业实现双赢，变输血为造血，既是扶贫工作的重要手段，也能够为当地脱贫致富形成长期自我发展的能力。

与皮合森村当地棉纺织厂员工交流

皮合森村当地民居

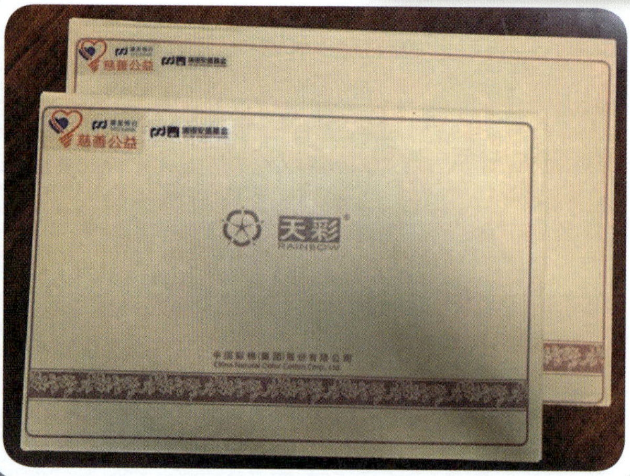

浦银安盛基金工会采购的彩棉制品

架起“彩弘桥”到达“梦想中心”

——天弘基金创造可持续的扶贫公益

2019年10月18日，甘肃临夏回族自治州马牧沟村小，三年级二班班主任郭老师没有想到，班里最让她头疼的“问题女孩”小依容，在第一次梦想课堂上成为耀眼的“小诗人”。

在这节由天弘基金管理有限公司（简称“天弘基金”）员工授课的主题为“我为家乡特产做宣传”的梦想课堂上，教室变成一个小型的家乡特产博览会。在老师的引导下，孩子们分工合作，通过写作、绘画等多种表现形式，向来自北京、天津的“外地游客们”推介家乡特产。平时唯一不交作业的小依容竟然在10分钟内就为家乡特产啤特果作了首小诗，还被同组成员选为组代表到讲台上做展示推介。

孩子们和课堂氛围的变化，旁听的郭老师一一看在眼里。课后交流中，她激动地感慨，这就是“彩弘桥”和“梦想中心”的魔力。

郭老师说的“彩弘桥”是2019年天弘基金发起的一项公益，致力于改善老、少、边、穷区域乡村素养教育的质量，用专业化的方式，坚持长期可持续地投入，为乡村素质教育提供软件、硬件支持，帮助乡村孩子打开视野，让每一个孩子充分享受充满生机的教育，让每一个孩子带着梦想飞得更高更远。

甘肃临夏地区是天弘基金“架桥”的第一站。经过实地考察、多方走访和反复论证，同年9月，天弘基金在这里开启了“彩弘桥”公益计划，向3所小学捐赠了“梦想中心”。

甘肃临夏地处青藏高原与黄土高原的过渡地带，是回、汉、东乡、撒拉等31个民族的聚居区，也是国家“三区三州”深度贫困地之一，土地贫瘠、生态脆弱，人均受教育程度低。大多数当地人选择外出打工，留守儿童占比很高。

对教育的不重视，反噬着这里的生机，当地人陷入贫困的代际传递。

也正是认识到了这种恶性循环，是天弘近十年来一直坚持在做教育扶贫，从早期的“天弘帮你交学费”到现在的“彩弘桥”，是从“授人以鱼”到“授人以渔”的转变。

“梦想中心”是“彩弘桥”公益计划的核心载体，是一个集网络、多媒体、图书和课堂为一体的标准化教室，承载素养教育使命。它包含梦想空间、梦想课程还有梦想领路人系统培训，它不仅仅是对欠发达区域的硬件支持，更重要的是对当地教育软件的帮助。

在这里，课桌可以变成童话的堡垒，图书和互联网带孩子们探访未知的世界，演讲台后的乡村儿童被鼓励着侃侃而谈……

梦想课程的实践，针对不同层级的“梦想领路人”设定了丰富的进阶培训体系。

带着“为社会发展创造普惠的、可持续的价值，成为一家值得尊重和信赖的资产管理公司”的公益愿景，天弘将致力于做“面向未来的、创造价值的、可持续发展的公益”。

也许有人会问，“彩弘桥”能带来什么改变呢？而这也是天弘基金的思考。也许不一定现在能改变什么，但可以在孩子们的心里埋下一颗小小的种子。这一颗颗种子是轻轻放在孩子们心里的希望，虽然不知道能不能发芽，什么时候发芽，但总要有人去埋下种子。

乡村老师们在做，天弘基金也在做。希望，这座“彩弘桥”，能够成为天弘基金对社会、对未来的一份小小的但满满爱意的礼物。

“冰花男孩”带来的改变

——万家基金扶贫活动纪实

2018年初的一天，很多人的手机被一张照片刷屏：云南昭通的一个小男孩，穿着单薄的衣服，步行4.5公里去上学，到达教室后头发、眉毛、睫毛被冰花覆盖。这张“冰花男孩”照片瞬间传遍网络，牵动了亿万人的心，也牵动了万家基金管理有限公司（简称“万家基金”）全体员工的心，大家都在想能为这些孩子们做些什么。捐款？简单且容易操作，但对他们现状的改变能起多少作用呢？经过广泛讨论，大家一致决定：授人以鱼不如授人以渔，开展教育扶贫，从根本上扶贫。

“冰花男孩”所在的云南省昭通市贫困山区被公司定为教育扶贫的第一个重点区域。公司与当地教育机构取得联系，为小学生们建立图书角，并辅导阅读，引导孩子们多读书、读好书，用知识改变命运，用知识建设家乡。

2019年10月底，公司派出爱心大使携带采购的4 000多册图书，为当地10所学校的50个班级建立起图书角，并在学校与学生们教学互动。

有一天上午我们走进学校。短暂陌生的对视后，孩子们活泼快乐的天性随即显露，迅速把我们包围，七嘴八舌地热情询问着。两个漂亮的姐姐成了“明星”：“莎莎姐姐好漂亮，你们从上海来的吗？”“上海是不是很繁华？”“我在电视上见过东方明珠！”“你们工作的地方离黄浦江近吗？”……好奇的问题让我们应接不暇。大家耐心答复着，并鼓励孩子们好好学习，考上大学，去外面的世界看一看，用学到的知识建设自己的家乡，把家乡建设得像上海一样美。

下课的音乐声响了，我们与孩子们奔跑进操场，篮球、跳绳、老鹰捉小鸡等课外活动玩得不亦乐乎。

远处篮球场传来孩子们热烈的欢呼，原来是我们的未之哥哥与孩子们玩起了篮球，精准的投篮赢得孩子们阵阵掌声。有个小男生大声问：“哥哥，你的篮球咋打得这么好？”未之哥哥说：“多练习你也可以的，就跟学习一样，只要功夫深，铁杵磨成针！小伙子，好好学，好好练，下次来表演给我看如何？”众小男生齐声回答：“好的！”

下午，大家来到学校会议室跟老师们展开座谈。老师们介绍了目前学校课外阅读的现状，部分优秀教师分享了指导孩子阅读的经验，有些老师提出了自己的困惑和问题。

带着老师们的问题，我们与当地教育部门进一步协商，作为图书角建设的延伸项目，今后每年增加一次教师阅读指导培训，请相关的教育专家为老师们答疑解惑，指导老师解决孩子们阅读中遇到的问题，使孩子们的阅读兴趣和技能不断提高。同时，增设“彩虹花”项目，直接拨款小额资金支持乡村教师自主开展阅读课程与科学课程，让教师有机会把想法付诸行动，积极探索课程奥秘，拓展学生思维和视野，给乡村课堂注入不一样的色彩与活力！

即将返程，孩子们围上来恋恋不舍，一直送我们走出好远好远。看着他们纯净的眼睛，感动中又多了一份沉重。扶贫路任重而道远，但通过参与这次图书角建设活动，我们更坚定了教育扶贫的决心。万家基金有决心和信心让这里的每一个孩子都能享受到良好的教育，让每一个孩子都能带着梦想飞得更高、更远。

爱心助学送温暖

——新华基金走进大山深处

2017年，新华基金管理股份有限公司（简称“新华基金”）与重庆青少年发展基金会签订《新华爱心助学基金设立协议》，合作设立“新华爱心助学”专项基金，公司每年捐资20万元整，用于重庆市丰都县和武隆区开展青少年公益事业，自2018年起连续资助三年共计60万元。公司于2018～2019年4次走进重庆市贫困县区开展捐资助学活动，共计捐出助学资金40万元，并连续两年获得《国际金融报》颁发的“年度扶贫新锐机构”称号。

武隆后坪乡的冬日暖阳

后坪乡位于重庆市武隆区东北角，是全市18个深度贫困乡（镇）之一，经济欠发达，教育基础薄弱，教学资源匮乏。后坪乡鱼子完校现有学生165人，住校生115人，其中留守儿童76人。

武隆捐资助学启动仪式

2018年1月4日新华基金举行“冬日阳光·温暖你我——公募基金20周年赴武隆慰问活动暨新华基金爱心助学专项基金启动仪式”，新华基金时任总经理、现任董事长张宗友参加启动仪式并讲话。本次捐资助学活动为后坪乡鱼子完校捐赠了崭新的电脑和打印机，为该校165名贫困学生发放了个性化的新年礼物，为56名品学兼优的贫困学子捐赠助学金。

扶贫济困是中华民族的传统美德，承担企业社会责任，履行企业公民职责，积极回报社会是公司义不容辞的责任，是企业获得可持续发展的最有力保证，让爱心传递，让美德延续，新华基金将捐资助学活动坚持到底。

聚焦扶贫·徒步三峡

2019年8月2~4日，“聚焦扶贫·徒步三峡”公益徒步活动在武隆区后坪乡双联村、白鹤村开展，公司扶贫工作小组徒步20公里，走访、慰问双联村、白鹤村的农户共计21户，资助41名小学生、4名中学生、4名大学生，沿途捐赠爱心清凉包50个。另外，向20余名乡村儿童捐赠学习用具，向双联村鱼子小学捐赠50份体育用品，为双联村鱼子小学的学生实现了拥有新的体育用品的梦想。

聚焦扶贫，徒步三峡走近后坪乡

新华基金党支部成员也参与到此次公益扶贫活动当中，亲切慰问当地贫困学生家庭，并与孩子监护人面对面交流，详细了解孩子学习情况和家庭生活面临的困难，为他们送去慰问品，送去关爱。

走访贫困学生家庭

仙女湖镇的新春送暖

2019年11月18日，市青少年发展基金会携手新华基金，在仙女湖镇厢坝完全小学校举行丰都县2020年“冬日阳光·温暖你我”新春关爱活动启动仪式，为该校204名留守儿童送上新年大礼包，并对贫困家庭走访慰问。

新华基金督察长齐岩参加了此次爱心助学活动，对同学们提出了三点希望：一是希望同学们珍惜来之不易的幸福生活；二是希望同学们好好学习，做一个向上向善的好少年；三是希望同学们心怀感恩，传递爱心，将来帮助更多需要帮助的人。

重庆市青少年发展基金会为新华基金颁发爱心证书

新华基金每一次出发都给这些大山深处的孩子带去希望的种子，期待对爱的向往能在每一个孩子内心生根发芽。

新思维　新源力

——星石投资汾西香梨扶贫项目实现“造血”

赋市场化能力

汾西是高寒的山区，其气候适合香梨种植，被称为“梨王之乡”，定位北上广深的一线城市客户。梨虽然好吃，很多客户却没有听说过。在扶贫过程中我们感受到，贫困地区并不是缺乏好产品，而是缺乏品牌运营、物流仓储、市场开拓、应对竞争的能力。比如玉露香梨，味道清冽甘甜，有的玉露香梨在京东上能卖到10元/斤，是走亲访友的佳品。但是如果缺乏相关人才、技术、渠道和品牌，没有销路。

在汾西的玉露香梨扶贫项目中，星石投资管理有限公司(简称“星石投资”)采用多种方式提升扶贫对象市场化能力，帮助其打通市场通路，助力提高应对风险的能力，进而提升竞争力。

“以时间换空间。”果期在九月、十月的玉露香梨存放期不超过1个月，如集中上市，只能降价竞争。基金行业在助力扶贫中，为提升香梨的市场议价空间，错开市场密集供应期，进而打开了销路。中国证券投资基金业协会在距离梨园不到15分钟车程的汾西僧念镇，投资建设了一座可存储100万斤香梨的冷库，销售期可以延长至第二年的“五一”前后。

“广开销路。”以往，香梨绝大部分靠线下销售。在行业口碑传播和渠道开拓下，2019年9月开始，玉露香梨的线上销路逐渐打开，减少了中间商环节，农户的利润能增加40%。为汾西引入了契合度更高的电商平台“必要商城”，紧抓疫情防控期间线上消费需求旺盛的有利时机，推动汾西玉露香梨于2020年3月3日成功上线，实现了疫情防控期间线上销售的突破。

连续两年，星石投资都会去汾西玉露梨园，当地在与市场的接触中有了很大的变化。比如，电商渠道因为对接消费者，对包装、服务等要求更为严格，从消费端倒逼农业合作社更加主动拥抱市场。

赋予新思维

使扶贫对象能够接受新事物新方式，然后才有学习的动力，最后才有能力“造血”。

实际上，一些看起来很普通的行业禀赋，对当地而言，可能就是一种新思维。比如，在汾西玉露香梨产业的扶贫过程中，投资的金融思维，正是市场化的体现。认购者虽然一次性给付了3年的购梨款，但可以获得110斤的梨，折合下来每斤才3元。虽然总价低于市场价，但提前锁定了稳定的收益，给贫困户稳定增收提供保障，是一种合理的定价。

这次玉露香梨的扶贫，星石投资还与当地合作社签订了合同，约定了服务标准，比如如果3年内某年歉收，就顺延提供至服务完成。

定点帮扶座谈会

作为一家投资机构，星石投资13年来专注寻找代表中国未来方向的产业和公司。为扶贫贡献一份力量，也是为这些产业和公司的未来、为实现中国经济高质量转型贡献力量。

责立于心　传递金融“温度”

——兴证全球基金“大山有爱”在行动

2014年，一封信让兴证全球基金管理有限公司（简称“兴证全球基金”）的员工欢呼雀跃。这封特别的感谢信来自云南省文山州第一中学的谭华超。作为“兴全珍珠班”的一员，他成功考取了北京大学，也成为村里第一个也是当时唯一一个大学生。兴证全球基金高中助学公益项目给予他的，是高中三年共7 500元左右学费，更是改变命运的机会。

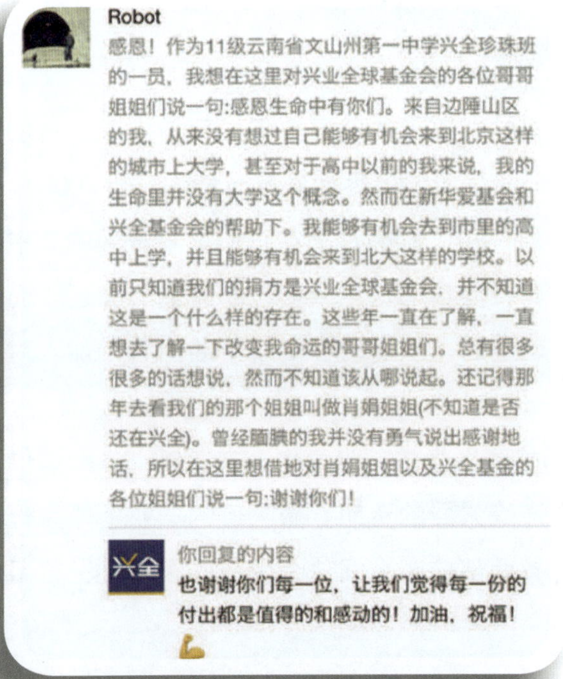
Robot

感恩！作为11级云南省文山州第一中学兴全珍珠班的一员，我想在这里对兴业全球基金会的各位哥哥姐姐们说一句:感恩生命中有你们。来自边陲山区的我，从来没有想过自己能够有机会来到北京这样的城市上大学，甚至对于高中以前的我来说，我的生命里并没有大学这个概念。然而在新华爱基会和兴全基金会的帮助下。我能够有机会去到市里的高中上学，并且能够有机会来到北大这样的学校。以前只知道我们的捐方是兴业全球基金会，并不知道这是一个什么样的存在。这些年一直在了解，一直想去了解一下改变我命运的哥哥姐姐们。总有很多很多的话想说，然而不知道该从哪说起。还记得那年去看我们的那个姐姐叫做肖娟姐姐(不知道是否还在兴全)。曾经腼腆的我并没有勇气说出感谢地话，所以在这里想借地对肖娟姐姐以及兴全基金的各位姐姐们说一句:谢谢你们！

兴全

你回复的内容

也谢谢你们每一位，让我们觉得每一份的付出都是值得的和感动的！加油，祝福！

兴证全球基金收到来自珍珠班学员的感谢信

赠人玫瑰，手有余香。看到越来越多的“珍珠生”“杉树生”能够通过教育改变命运，我们一方面感到欣慰，另一方面却感到肩上任务之重。2020年，是兴证全球基金开展“大山有爱”的第十四个年头，但是我们仍然觉得还有很多可以提升的地方。在公益道路上，兴证全球基金总是向着一个简单的目标一步一步迈进：向社会传递金融的“温度”。

2006年启动的“大山有爱”助学助教计划是兴证全球基金公益的一个重要组成部分，也是业内较早的教育扶贫公益项目。14年的坚持带来了很多改变，我们看到了“大山有爱”对学生的影响，对乡村教育的影响，甚至是对当地人命运的影响。

“大山有爱”是业内较早的教育公益

与直接捐款、捐物资不同。教育扶贫需要的信息更多、耗费更高、资助周期更长。但是它的成效会像活水一般，源源不尽地滋养当地人。自2008年起，兴证全球基金通过“珍珠班计划”和“杉树计划”资助家境贫困的高中生，让这些清贫学子有机会通过教育改变自己甚至改变整个家庭的命运。而这些“珍珠生”“杉树生”在大学毕业后，从受助者变成了助困者，加入对贫困高中生的乡村支教等项目。

兴证全球基金连续13年资助德格藏医学校，为学生、志愿者、教师提供购置设备、校舍扩建、中医培训交流等方面的资助。藏医班的毕业生成为分布在高原上的白衣天使，不断改善着西部广袤乡间缺医少药的医疗状况，用他们的能力造福一方百姓。

在教师扶贫方面，兴证全球基金同样不遗余力。比如，坚持了十年的“知心姐姐”送教下乡活动；与云南青基会等合作邀请乡村教师到大城市中小学学习参观的为期一周左右的“影子老师影子校长”培训计划；和上海真爱梦想合作的、针对乡村校长及乡村教育局长提升的“教育领航者”计划等。

2018年公司通过真爱梦想公益基金会资助“互+计划”互联网教育扶贫项目，以远程教育的方式为乡村教师及学生链接优质教育资源，助力国家教育精准扶贫。该项目也成功入选国务院扶贫办“中国企业精准扶贫优秀案例（2018）”。

大山有爱，我们一直在路上

老吾老，以及人之老　幼吾幼，以及人之幼

——长安基金公益扶贫积小流成江海

夕阳无限好　人间重晚晴

长安基金管理有限公司（简称“长安基金”）成立以来，着眼于长期稳健经营，积极建设“合规、专业、创新、融合”的公司文化，并致力于打造“专业精良、治理完善、诚信合规、运作稳健”的现代资产管理机构。

为进一步加强扶贫的专业化、精细化程度，有针对性地满足扶助对象的特定需求，把扶贫工作落到实处，长安基金研究制订了2017年度公益扶贫计划方案，并与上海市慈善基金会虹口区分会建立了沟通和协调机制。经过双方共同探讨，拟结合实际需求，合作开展虹口区特定对象的扶贫慈善项目。

2017年9月，在上海市慈善基金会虹口区分会的协调配合下，经过对虹口区扶贫对象的前期调研统计，我们把年度公益扶贫目标逐渐

聚焦在一群家庭年收入较低、生活条件亟待改善或缺乏家人陪伴的高龄、孤寡老人身上。

每年农历九月九日是重阳节，也叫老人节。“老吾老，以及人之老。”为进一步践行公司的社会责任，弘扬中华民族的传统美德，经过研究，公司决定将九九重阳节与公司本次公益活动相结合，组织实施年度扶贫帮困项目。

2017年10月，长安基金携手上海市慈善基金会虹口区分会，在虹口区有关街道工作人员的陪同下，在重阳节前夕走访了一批贫困老人家庭，为30位90岁以上的贫困老人送上了一份节日祝福和爱心慰问。

走访过程中，大家关心老人的生活条件、周边环境，了解他们的日常起居、健康状况等。看到有的老人居住在亭子间，缺乏现代生活设施；有的卧病在床，医治存在困难；有的单身独居，少有亲人照顾，起居饮食多靠邻居帮扶；有的健康状况欠佳，行动不便，生活不能自理等。

根据街道陪同人员的介绍，老人中有的曾经是国有企业的职工，有的是工商业者，有的是集体单位员工。他们虽然从事的职业、岗位不同，但都为新中国建设出过力、流过汗、立过功，都曾把自己的青春和理想贡献给了祖

国的富强和发展，今天我们的社会也理应感恩、回馈他们，在他们最困难、最需要的时候伸出援手。

老人们虽然年事已高，但面对热心的来访者和亲切的慰问，脸上都露出了欣喜和感激的笑容，双手接过鲜花和慰问品时，一连声地感谢政府、感谢社会和爱心人士。他们的笑容也感染了在场的每一位人。

爱心点燃希望 奉献成就未来

2019年10月至11月，长安基金公司和党支部积极策划并实施了面向江西省上饶市玉山县下镇镇占坂小学的扶贫公益活动。此次活动共分为两个阶段举行。第一阶段为公益登山，第二阶段为现场捐赠。第一阶段的公益登山活动旨在鼓励全体员工为此次扶贫公益活动积极参与，公司将为在此次登山活动中每一位登上山顶的员工将颁发公益认证标志，并将为其配捐一份助学物资给扶贫对象小学的学生。

2019年11月29日，长安基金代表吴土金和周驰带着来到了江西省上饶市玉山县下镇镇占坂小学继续进行本次扶贫公益助学活动，为当地学生带来了来自长安基金全体员工的爱心和祝福。

长安基金公司代表吴土金先生代表公司进行了发言，传递了长安基金对占坂村师生的关怀和慰问，并通过自身经历切实勉励了在场学生，希望学生能努力奋进、勇攀高峰。长安基金为学生们捐赠了崭新学习和体育用品，这些物品主要包括图书、笔记本、毛笔、字帖、篮球、排球、羽毛球、跳绳等，作为代表领取物品的学生们脸上洋溢着幸福开心的微笑。

小小画笔 点亮梦想

江西上饶玉山县、云南大理弥渡县、陕西省商洛市柞水县，是国家相对贫困的地区。其中，玉山县学校为较大规模的村镇小学，1~6年级共有300名学生；弥渡县学校属于坝级乡镇的校点，容纳了68名学前班至小学3年级的彝族学生；柞水县小学位于县级城乡部地区，500多位学生，30多名老师，校内有超100名学生属于贫困学生。

在这三个地区的村镇小学里，有一群喜好画画的孩子，他们当中最小的还在上学前班的年纪，最大的也不过小学六年级。

学校没有专职的美术老师，也没有完整的绘画工具，但星空月夜、春天的彩蝶、夏夜的鸣虫、秋天树上结满的果子，都是他们创作的素材。

2018年的六一儿童节前夕，以“教育扶贫”为主题，长安基金联合子公司长安资产共同发起“圆梦计划”公益活动，以助力实现“山区孩子的绘画梦想”为主题，面向公司员工、合作伙伴、投资者筹集儿童绘画工具套装，定向捐助给地处江西省上饶市玉山县、云南省大理弥渡县和陕西省商洛市柞水县的3所贫困地区小学，为至少100位热爱画画的孩子送上一份品牌画架套装，让他们的童年拥有更多的色彩。我们拟定选择一套包含画架、蜡笔、油画笔、水粉画饼等155件工具的套装，通过长安基金暨长安资产的“圆梦计划”名义购买，享受低于该套装市场价的60元公益价。

从5月开始策划至6月活动落地，本次公益活动历时近2月。经统计，本次活动共有88名爱心人士参与，最终筹集到214套儿童绘画画具，共计价值12 840元，大大超出活动初期的100套目标。全部绘画工具套装在“六一”儿童节前顺利发放到3所学校热爱画画的214名学生手中，为他们带去了一份节日的惊喜。

长安基金暨长安资产六一圆梦公益活动捐赠仪式

孩子们用捐助的新画具精心绘制了以“我的梦想”为主题的画作，作为对所有爱心人士的惊喜回馈。

江西上饶玉山县某小学学生作品

《狼王梦》

“一只狼为了追逐狼王的地位，可以为之日夜努力。生活中只要为自己的梦想奋斗努力，坚持不懈，就可以到达胜利的彼岸。”

江西上饶玉山县某小学学生作品

《梦想起航》

“我的梦想是当一名老师，能让更多的孩子学到更多的知识，掌握更好的技能，长大能成为有用的人。”

云南大理弥渡县某小学学生作品

《大山、果园、美丽的家》

“我的梦想是长大后当一名画家。我总是去观察家里的猪、鸡、狗等再去画，画了以后再去看，每次画好后总觉得不好，我想我一定会画好的。”

云南大理弥渡县某小学学生作品

《老师，我心中最伟大的人》

“我的梦想是当一名优秀的老师，老师是我心中最伟大的人。我要好好学习、天天向上，为了完成这个梦想而努力，争取可以考上好的大学。每当看到我们贫困山区的孩子因为没有钱而不能上学，我的梦想就更加强烈。”

陕西商洛柞水县某小学学生作品

《大地万象更新》

“想要把荒山野岭变成青山壁立，想要把大地变成一片绿，让它充满活力、生气。我要贡献出自己的力量，多多植树，让自己的梦想实现。”

陕西商洛柞水县某小学学生作品

《海底之游》

“我的梦想数不胜数，有时我想当一名画家，绘画出祖国的大好河山；有时我想当一名老师，带着学生去知识的海洋里遨游；有时我想当一名医生，为更多的人治病；有时我想当一名潜水员，去探索奇妙的海底世界。现在我要好好学习，长大后去实现它。”

草原雏鹰托起明天的太阳

——长盛基金教育扶贫一直在路上

扶贫先扶智，公益计划中的教育扶贫，从一开始就成为不少基金公司参与扶贫事业的首要选择。长盛基金管理有限公司（简称“长盛基金”）在公益实践中，除了捐助贫困地区小学，完善硬件设施之外，还将目光投向了更多需要关怀的领域。近十年来，长盛基金持续开展帮扶阿鲁科尔沁旗柴达木小学的“雏鹰梦想公益行”活动，希冀以爱传爱，点燃草原孩子们努力前行的梦想。

缘起的地方

2013年5月10日，站在素未谋面的叔叔面前，小男孩南丁接过了他学习生涯的第一笔助学款。普通话尚不流利的小南丁来自内蒙古赤峰市阿旗绍根镇登吉格嘎查，父亲病故后他一直与64岁的奶奶相依为命。2012年9月，7岁的南丁成为始建于1936年的阿鲁科尔沁旗柴达木小学的一名新生。和在场的其他小朋友一样，南丁在校期间获得了长盛基金“雏鹰梦想公益行”项目不间断的爱心资助。

南丁的家乡阿鲁科尔沁旗地处内蒙古赤峰市东北部，由于地处偏远，经济发展相对落后，是国家级贫困旗县之一。阿鲁科尔沁旗柴达木小学至今已经有80余年的历史，是一所传统的蒙语学校。目前该校共有学生300余名，教职员工40余人，全部为蒙古族。从2012年开始，长盛基金与柴达木小学结下帮扶对子，向该校捐资50万元，用于该校购置电脑、电子白板等电教设备，让少数民族的孩子们也感受到科技进步和互联网带来的学习乐趣和便利。

此后每一年，长盛基金都会联合公司志愿者、优秀教师及社会热心人士，组织“雏鹰梦想公益行”活动。他们或奔赴这所距离北京千里之外的传统蒙语学校，与老师和孩子们近距离接触；或邀请学校的师生代表赴京访问交流。为了让孩子们增长知识、开阔视野，志愿者们为孩子们准备了丰富多彩、别开生面的课程，并为学校捐赠书籍、学习用品，以及为家庭条件困难及学习优秀者颁发助学金和奖学金。

放飞的梦想

青草茵茵，马头琴悠扬。2018年5月25日，“长盛基金柴达木小学”在赤峰市阿鲁科尔沁旗成功挂牌，在美丽的科尔沁草原上又新增了一所以公募基金公司命名的爱心小学。

2018年恰逢公募基金行业成立20周年，长盛基金柴达木小学正式挂牌为当年的长盛基金公益行添彩增色。长盛的同仁为同学们带了奖学金、助学金，并捐赠了LED屏教学设备，帮助长盛基金柴达木小学进一步改善教学条件。

阿鲁科尔沁旗政协副主席呼和巴拉表示，长盛基金的雏鹰梦想公益行实现了城市与草原心手相连，有助于柴达木总校师生分享改革开放和国家盛世红利，分享首都的优质资源，有助于阿鲁科尔沁旗整体教育水平的提升。柴达木小学的保全校长则对长盛基金连续多年奉献爱心的助学义举表示感谢。他鼓励学生不仅要努力学习，以良好成绩回报社会的关爱，而且要将爱心传递给更多需要帮助的人们。

长盛基金“雏鹰梦想公益行”活动组织者表示：“走进柴达木小学，我们送去的不仅仅是教学设备、助学金、图书等学习用品，也希望通过授课与各种活动的交流互动启发孩子对生活的梦想与希望。

知识的海洋

2019年10月25日下午，木旭叶乐、安琪尔、苏雅、孙布尔、那日麦……一个个蒙古族孩子在北京中建财富大厦的会议室聚精会神地聆听北京语文专家、《汉字里的国学》的作者刘叶翎老师授课。

正值新中国成立70周年，本次助学公益行活动主题定为“致敬盛世 追梦时代”。

这次助学的形式与往年有很大的不同，不仅为贫困学生和优秀生分别准备了助学金和奖学金，而且为更好地切合活动主题，邀请了人大附小名师为学生们讲授传统国学课程，安排了师生们在天安门参加升旗仪式，参观了国家博物馆、圆明园等爱国主义教育基地。

从事语文教学的乌云高娃老师对此行的教学安排很是兴奋，她为能现场聆听精彩课程感到幸运，也为她的学生们感到幸运！

返回后的第一周，乌云老师就将北京专家教学资料PPT翻译成蒙语，给学生足足地上了一堂国学课。她高兴得向长盛的同仁发来了自己的讲课照片。

长盛基金对柴达木小学助学活动已经是第9个年头，长盛基金与柴达木小学的老师和孩子们结下了深厚的情谊。长盛基金的雏鹰梦想公益行助学活动就是期望柴达木小学的孩子们更加努力地学习，更加乐于助人，将来成为科尔沁草原上飞出的雄鹰，为国家和社会做出贡献。

长盛基金管理有限公司
2019长盛基金
真情系学子 温暖送人心
雏鹰梦想公益行

2018长盛基金-柴达木小学“雏鹰”公益

2017长盛基金—柴达木小学雏鹰公益行

“温暖”守护　朵朵花开

——中海基金为农民工子弟保驾护航

中海基金管理有限公司（简称“中海基金”）成立于2004年，是一家具有央企背景及丰富外资先进管理经验的基金管理公司。

作为国内首家以外地来沪农民工子女为主要捐助对象的基金公司，中海基金于2008年初正式发起主题为“十年树木，百年树人”的环保·助学系列活动，定向资助在沪农民工子弟求学，并重视受助学生综合素质提高，致力于助学、奖学、提升、圆梦一系工作的开展。

“十年树木，百年树人”

来沪农民工子弟的学习之路并不容易，多数父母的打工收入有限，而且很多来沪农民工家庭都是多子女。所以，在子女教育上，能维持基本的上学读书就已经很不容易了，学业之外的文艺活动及各类兴趣班的费用更是有心无力……

这些来沪农民工的子弟，正值天真烂漫的年纪，因家境的窘迫，跟随外出务工的父母来到城市居住、生活。为了让这群流动的“花朵”感受到丰富多样的社会活动体验，中海基金每年的助学活动除了基本的捐助项目内容外，还组织了不同的活动主题，就是帮助这些孩子们离实现自己的梦想更近一步。

2011年10月，中海基金正式启动“绿色生活多e点，助学奖学进校园”环保·助学公益行动。与一般慈善活动不同，中海基金的环保助学活动的资金主要是来自基金持有人取消纸质对账单、使用电子对账单节省下来费用，把环保与助学有机结合在一起，以客户的名义捐资助学。

捐助仪式后，中海基金组织这些品学兼优的农村贫困学生，与客户代表携手同行，乘坐京沪高铁赴南京参观，感受高铁给现代生活带来的变化，增加他们对生活与环保事业的热爱，从小树立起远大的志向，孩子们的眼神中也充满了对未来的期待。

“携手发现之旅，爱心点亮未来”

为了让来沪农民工的孩子拓展视野同时培养志向，2013年11月中海基金开展了以“携手发现之旅，爱心点亮未来”为主题的环保·助学系列公益活动。在活动中公司再次邀请基金持有人加入，一道为孩子们开启以认识城市、发现新知、拓展视野、激励自我为目的的发现探索之旅。

受邀的基金持有人与弘梅小学师生一道前往陆家嘴金融中心，参观了上海海洋水族馆和环球金融中心。在海洋水族馆，学生们兴致盎然地游览了水族馆大型主题生物的展示区，近距离接触到了富有特色的淡水及海洋生物。看到了会笑的锯鳐、亲亲鱼，孩子们都乐开了怀；而在透明的玻璃猫和射水鱼面前，他们都睁大了眼睛，直直地盯着这些神奇的小动物，大开眼界。而后，学生们又登上了环球金融中心。在“会当凌绝顶，一览众山小”的100层观光天阁上，孩子们犹如置身于浮在空中的天桥一般。不但可以欣赏高科技的观光设计，还领略了飞速发展的上海城市风貌，感受到了都市发展的无穷魅力。

科普之旅，“乐”在一起

2017年12月，中海基金的“科普之旅，‘乐’在一起”环保·助学公益行动在上海举行。中海基金工作人员组织弘梅小学的师生，参观上海自然博物馆，再次体验了一回科普与发现之旅。

上海自然博物馆是一处开展科学研究和社会教育的科普基地，以“自然·人·和谐”为主题，通过“演化的乐章”“生命的画卷”“文明的史诗”三大主线，来了解起源之谜、生命长河、生存智慧，未来之路等。走进博物馆，首先看到了两具高大的恐龙骨架，孩子们就不由得惊叫起来，很兴奋、很开心。“我从没有看到过这么逼真的标本，这些都是书上没有的。”这次活动启迪了孩子们的灵性，拓宽了视野，引导他们热爱自然科学，用科学理性的思维方式探究与理解客观物质世界。

2018年11月，中海基金组织了“跨越多空藩篱，让爱助梦成长”环保·助学公益活动，组织弘梅小学的学生参观上海玻璃博物馆，体验了一次跨越多空藩篱的视觉美学之旅。

上海玻璃博物馆承载着上海玻璃工业发展的百年遗产，也借鉴了世界最为先锋的城市发展与文化艺术再生的概念，将文化、艺术、设计、美学生活方式等融为一体。进入场馆，就像是进入了一个迷宫。孩子们惊呼着：玻璃可以是这样的，好漂亮，太美啦……在迷宫中，那些光影特效，通过玻璃幕墙的折射和反射显得格外酷炫。通过此次活动，让同学们打破了认知界限，在共享艺术新理念的基础上，丰富了新知，陶冶了美学涵养。

“致敬艺术，守望梦想”

2019年11月，中海基金“致敬艺术，守望梦想”环保·助学公益行动在沪举行。

中海基金工作人员精心组织弘梅小学的学生，参观了上海电影博物馆，体验了一次电影作为梦幻工厂的动人艺术之旅。上海电影博物馆呈现了百年上海电影的魅力，生动演绎了电影人、电影事和电影背后的故事，是满足大众电影文化需求的艺术圣殿，也是上海电影乃至中国电影最为重要的展示窗口之一。

进入展馆，孩子们首先进入了“星光大道”，地上红色的感应灯就像红毯一样闪烁，闪光灯和欢呼声此起彼伏，孩子们就好像当了回电影明星。在配音室，孩子们都争着、抢着想听听自己在电影里的配音如何，灿烂的微笑在孩子的脸上洋溢着……这次活动不仅让孩子们提高了对电影艺术的认知，深刻体会到上海电影长盛不衰的文化魅力，同时也接受一次爱国主义教育，感受到祖国的繁荣发展。

为了让喜欢音乐的农民工子弟拥有对音乐艺术学习的机会，2014年12月，“中海基金太阳花音乐教室”在上海闵行区正式落成。虽然教室不大，但是孩子们在这里拥有了对音乐追求的美好时光；2015年特别策划了“中海基金太阳花音乐会”，让学有所得的孩子们登上舞台，为观众带来精彩的音乐汇报演出。

中海基金总经理杨皓鹏认为，公益是一种信仰，更是一份心意，其最终目的是爱心的培养和传递。未来，中海基金希望在爱心公益的行动内涵上不断丰富，形式日益创新，覆盖面不断扩大，让越来越多的农民工子女和留守儿童受益，让孩子们的笑容更加灿烂，让梦想更加多彩。

油茶林变“致富林”

——农银汇理基金公司扶贫接地气

农银汇理基金管理有限公司（简称“农银汇理基金”）是一家合资公司，控股股东为中国农业银行。公司自成立以来，在坚持为投资者创造价值的同时，始终与脱贫攻坚的国家战略同频共振，以党建为引领，提高政治站位，助力脱贫攻坚。

广昌县是“中国白莲之乡”，而此地盛产的茶树菇，以高蛋白、低脂肪、低糖分和鲜嫩柄脆、味纯清香闻名遐迩。近年来当地将其作为特色产业予以大力扶持和发展，但由于资金问题，该县的茶树菇种植规模仍有待进一步发展。农银汇理基金在与该行结对子过程中，积极主动与农行驻村第一书记刘东亮取得联系，了解当地村民的需求。

“您尾号为9527的银行卡转入产业扶贫贷款15万元……”看到来自农行手机银行的短信提示，江西省广昌县驿前镇贯桥村菇农老邱显得十分激动：“农行扶贫越来越接地气了。”

老邱全名邱德龙，种植茶树菇已经3年。因种植茶树菇品质好，收益高，市场前景看好，老邱雇用了3名贫困农工，想扩大种植规模，但资金短缺成了他最苦恼的事。农银汇理基金公司积极和当地农行联系，很快便为他发放了15万元贷款。目前，全县已有20余户像老邱一样的新型经营主体，从农行获得了“产业扶贫信贷通”的支持。

同样是在广昌县驿前镇贯桥村，同样是一位姓邱的村民，同样获得了农银汇理基金公司的帮扶。

在江西广昌县驿前镇贯桥村邱嗣海的油茶种植基地，油茶花香扑鼻而来。一株株油茶树苗生机勃勃地伫立着，一朵朵油茶花竞相怒放，一片片油茶林错落有致。放眼望去，满山遍野的油茶花，别是一番风景。“我的油茶林有今天的规模，全靠农银汇理基金公司支持。”老邱一边走一边说。

2017年，邱嗣海计划在家乡开垦荒山种植油茶，但自有资金不足。农银汇理基金公司在了解情况后，迅速联系农行驻村人员为其办理了5万元农户小额贷款。老邱购买了农具、油茶苗等物资，开始了油茶种植之路。谈起油茶种植，老邱滔滔不绝。“一路走来，多亏了农银汇理基金公司及农行的支持啊！”

2019年6月，老邱扩大了油茶种植规模，种苗、肥料和养护等需要大量的资金。看着刚种下的油茶幼苗，老邱焦急地找到了农行。恰在此时，在农银汇理基金公司的大力协助下，江西省农行推出了针对油茶种植户推出了“金穗油茶贷”产品。经过一番贷前调查后，广昌县支行很快为老邱办理了40万元贷款。“这40万元，真是及时雨啊！”老邱感激地说。通过一年多的辛勤耕耘，老邱和同村的几位村民将800余亩荒山开垦成油茶林。“种植油茶需要精心养护，我们每天起早摸黑，除草、施肥、浇灌……看着一天天茁壮成长，即将挂果的油茶树，虽然辛苦，但心里还是蛮高兴的。”老邱指着眼前的油茶林说。“目前，我自有油茶林226亩，与他人合伙的油茶林达600余亩，再过2年就是丰产期了，每年净赚至少30万元，采摘期可达50年。以后，我还会扩大规模，带领更多的村民种植油茶林，把家乡高虎脑这片革命红色热土上的荒山变成聚宝盆，让油茶林成为我们的‘致富林’。”

据农业银行广昌县支行行长张明介绍，“金穗油茶贷是江西省农行精准扶贫的特色产品，专门为支持油茶种植户而研发的金融产品，产品符合油茶林生长特性，解决了油茶生长期限与贷款期限不匹配问题，贷款期最长可达10年。

绿色基金 绿色的希望
——贵州金控绿色扶贫显实效

作为国家生态文明试验区，贵州是国家储备林建设体系的重要组成部分。贵州金控集团坚决贯彻执行习近平总书记关于生态文明建设的重要论述，坚决落实省委省政府关于推进国家储备林建设的决策部署，提高政治站位，强化责任担当，发挥金融优势，扛稳地方金融龙头企业重任，把支持国储林建设作为集团公司的重要目标任务。

贵州省国储林项目规模面积大，分布范围广，实施类型多，给贵州金控集团支持全省国储林建设提出了更高的要求。针对这些特点，贵州金控集团研究了目前全国国储林项目推进较为成熟的“重庆模式”“南平模式”“吉安模式”“襄阳模式”等实施模式，比较各种模式的优劣势，结合贵州省森林分布、树种结构等省情和贵州金控集团金融服务产品特点，探索采用“投、贷、保”（投资、担保、贷款）一体化的方式支持全省国储林建设的方法路径。

“投、保、贷”（投资、担保、贷款）三位一体金融服务产品，通过基金投资解决市县政府资本金不足的问题，通过融资担保解决贷款增信的问题，通过中长期开发贷款解决项目融资问题，切实解决了当前国储林项目存在的地方政府及国有公司资本金出资能力弱、担保增信不足等融资难瓶颈。将林权抵押、PPP融资等方式融入全省国储林建设中，为全省国储林建设提供了新的增信措施和融资路径。

首先，多方协同作战，相互排忧解难，走出一条合作共赢的发展道路。

贵州金控集团多次会商省林业局、省基金办、省金融监督管理局等有关单位，就共同推进全省国储林建设做好政策顶层设计，对现有相关制度进行完善。多次召集市县政府就实施方案进行讨论完善，内容从项目融资方案到项目实施计划，从项目建设细节到项目还款来源。联合市县政府拜访金融机构，通过三方高层会谈，集中解决问题。贵州金控集团通过下属省融资担保公司向银行贷款提供担保增信的方式，极大地推动了银行贷款评审进度。项目公司使用林权等向省融资担保公司提供反担保又一定程度上降低了担保公司风险。

主动参与引进社会资本，通过股权投资等方式打造利益共同体，为降低风险、持续运营提供坚实基础。

其次，深入践行习近平总书记的“两山”理论，在坚决打赢“防范化解重大风险、精准脱贫、污染防治”三大攻坚战等方面取得了初步效果。

从全省来看，据初步统计，一是通过贵州绿色产业扶贫投资基金直接投资，解决地方政府为支持全省国储林建设需投入的资本金20亿元，有效防范化解了地方重大金融风险。二是国储林项目以就业务工、林地流转、林下经济产业带动等多种方式直接和间接带动全省80余万人脱贫增收。三是按照国土面积测算，贵州省森林覆盖率增加1个百分点需要新增森林面积264万亩。目前，贵州金控集团计划支持389.59万亩林地，预计增加森林覆盖率约1.48个百分点，为全省实现森林覆盖率从2018年的57%增加到2020年的60%提供了重要支撑，对于发挥生态效益、污染防治具有重要意义。四是贵州金控集团首批支持的国储林建设总投资330.22亿元，根据近年来林业投资对GDP的拉动率初步测算，预计拉动GDP新增2个百分点。

长效扶贫在前　教育扶贫在后

——广发基金多形式教育扶贫

“扶贫必扶智。让贫困地区的孩子们接受良好教育，是扶贫开发的重要任务，也是阻断贫困代际传递的重要途径。”实践教育扶贫，帮助贫困地区青少年儿童成长和发展是广发基金管理有限公司（简称“广发基金”）公益事业的重要内容。2018年，广发基金发起设立了“聚富筑梦”教育公益计划，旨在通过多层次、多维度的教育公益体系，持续支持需要帮助的学生和教职工，助力他们勇于追梦、实现对美好生活的追求。

梅州市大埔县地处粤东北，曾是“八一”起义军三河坝战役主战场所在地、中国革命时期的中央苏区和革命老区，也是广东省16个扶贫开发重点县之一。在大埔县城的五虎山麓，坐落着一所历史悠久、文化底蕴深厚的重点中学——虎山中学。虎山中学创办于1906年，是一所百年老校，2009年被国家教育部认定为国家级示范性普通高中，连续数年有学生被清华大学、北京大学、中国人民大学等名校录取。

虽然学校教学成绩成效显著，但地处贫困县，不少学生受困于家庭经济条件，承受着较大生活压力。为帮助贫困学生减轻负担、安心学习、顺利完成学业，广发基金通过“聚富筑梦”教育公益计划发起了对虎山中学贫困学子的资助，帮助他们顺利完成学业。

除了给予学生们经济支持外，为了满足其基本学业和生活需求，广发基金还组织了为期6天的“聚富筑梦”夏令营活动，邀请虎山中学的师生来穗游学，希望能通过公益游学帮助青少年们开阔视野、启迪思想、体悟责任，实现自我赋能。

在夏令营开启前，广发基金工作人员细心地对学子们的心愿和期待做了调查，想让这次夏令营成为他们难忘的体验。

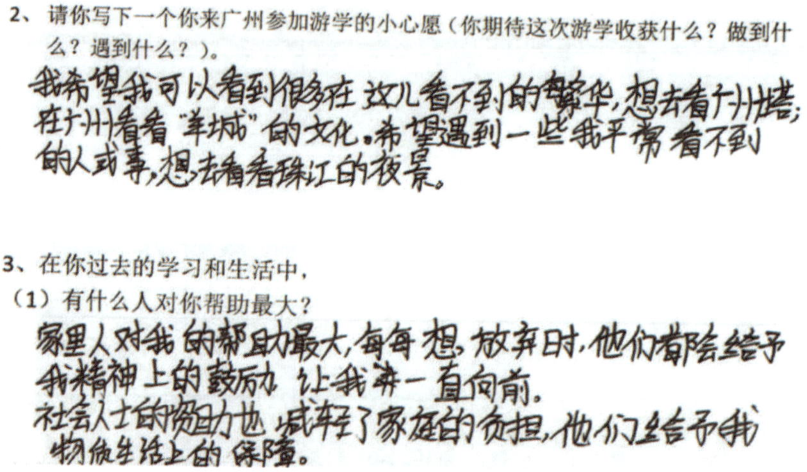

2、请你写下一个你来广州参加游学的小心愿（你期待这次游学收获什么？做到什么？遇到什么？）。

我希望我可以看到很多在这儿看不到的繁华，想去看广州塔；在广州看看"羊城"的文化。希望遇到一些我平常看不到的人或事，想去看看珠江的夜景。

3、在你过去的学习和生活中，

（1）有什么人对你帮助最大？

家里人对我的帮助最大，每每想放弃时，他们都会给予我精神上的鼓励，让我再一直向前。

社会人士的资助也减轻了家庭的负担，他们给予我物质生活上的保障。

"我们逐梦而来，拼搏不息！广州，我们来了！"随着洪亮整齐的口号声落下，广发基金公益基金会组织的"2019广发基金'聚富筑梦'夏令营"正式开营。夏令营贯穿了"走近历史""非遗传承""漫步学海""科技立国""立志圆梦"五大主题，带领学子们漫步知名学府，行走老街古村和科技新城，一起领略广州古今之美、文化之美。

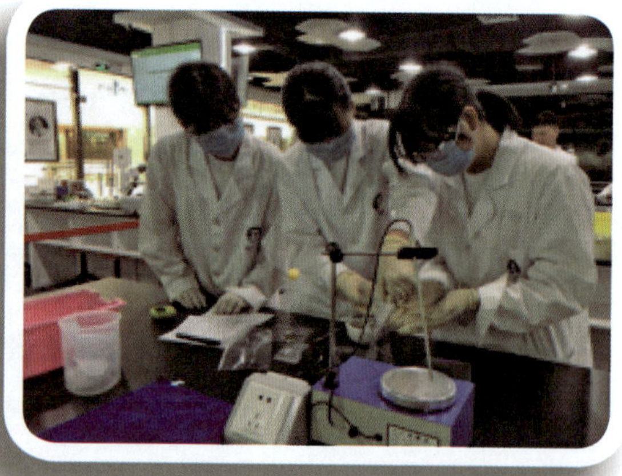

参与青蒿素提取实验

参观黄埔军校、辛亥革命纪念馆

参观全国重点文物陈家祠

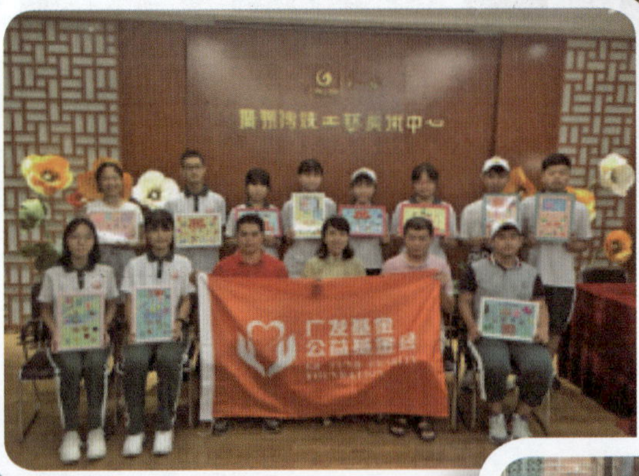

体验非遗艺术——剪纸艺术

参观中山大学，聆听老教授分享中大故事

在6天的游学中，少年们通过参观、实践、分享和互动等形式，了解了科技日新月异的发展状况和领略了广州的风俗文化。在夏令营的最后一天，学子们来到了广发基金总部，与广发基金志愿者们一起参加结营仪式。

在结营活动中，广发基金三位优秀员工与同学们分享自己关于“梦想”的那些故事。他们用自己的故事告诉同学们，虽然命运有时会给自己开个玩笑，但是只要有足够的信心，将自己热爱的，擅长的和社会需要的三者结合起来，不断努力，不断充实自己，终有一天能达成心中所想。

学子们还将游学中的体验与思考，融入其设计作品“未来城市和我”，并进行展示。在分享中，学生小佳开心地告诉大家，她很高兴此行找到自己奋斗的目标——考上中山大学中山医学院，希望未来成为一名济世为怀的好医生。

学子们分享“未来城市和我”

学子们向广发基金公益基金会致谢的剪纸作品

学子们接受结营证书与礼物

为期6天的广发基金“聚富筑梦”夏令营圆满结束了。对同学们来说，这次离别也是新的开始，这些天走过的路、看过的风景、捕捉的感悟都会成为他们成长中的养分，帮助他们走向更远、更广阔的天地。

未来，广发基金将结合过往经验和实践，打造多层次、多维度的教育公益体系，让需要帮助的孩子们能在公益的关爱下乘风破浪、携梦远航！

关注边缘人群　为实现理想而努力

——宁波市证券投资基金业协会扶贫帮困感悟

2019年底，宁波资本市场扶贫帮困“阳光雨露”专项基金正式成立。专项基金向宁波市上市公司、证券期货经营机构、私募基金等市场主体募资，从宁波本土出发，旨在致力公益慈善事业，积极承担社会责任，养老助老，恤病助学，促进社会进步和谐。专项基金起步金额虽小，但要走稳走好却是个难题。

宁波属于经济发达地区，地理环境优越、工商氛围浓厚。2019年，全市GDP约11 985亿元，跃居全国计划单列市第二名，城镇居民人均可支配收入64 886元，上市公司数量超过80家。单看贫困这方面，根据宁波市最新的低保标准，最高档低保标准为每月940元，远远超过2020年人均纯收入4 000元/年的脱贫标准，此外，还对口帮扶吉林省延边州和贵州黔西南州等地。实地走访情况的确如此，各地社区乡镇得知我们救助意向时都表示“现在的日子好了，各家各户都奔了小康，住上了新房，光景都越来越好，再差的家庭也有政府兜底，不愁穿衣吃饭。”面对“后扶贫时代”，志愿者们花费大量时间精力，寻找真正需要救助的家庭，最终确定以宁波偏远乡镇——四明山镇棠溪村和横溪镇金山村困难群体为帮扶对象。

2020年6月，志愿者们开展了专项基金首期“棠溪村”项目走访，慰问了五户帮扶家庭，赠送米面粮油及慰问金，了解帮扶对象的具体困难，帮扶对象对志愿者们的到来表示深深感谢。

此次帮扶对象主要是偏远乡镇孤寡高龄老人和残疾人群体，有独身的老汉，有盲人，有因脑梗瘫痪的残疾人，他们大多是村里的低保户，年老体弱，自身文化水平低，也没有从事繁重体力劳动的能力。

一是情感之贫更需关怀。帮扶对象大多久居高山，上下山的班车约一个小时一趟，去趟县城十几公里，去市区也要近二十公里，老人们下山不易，脱离现代社会的生活方式，常年居住高山。高山生活寂寥，村里年轻人都在外发展，许多老人在田间地头劳作，或者聚在一起打麻将消遣，有些孤身老人，没有子女，常常形影相吊，寂寞难以想象。

二是精神之困急需补充。帮扶对象有一位盲人因为青光眼病致盲，常年需要服用药物来控制眼压，日常起居需要妻子全天照顾，二人靠养老金及低保金生活。志愿者走访时他坐在客厅的一个角落，手里支着拐杖，房子是租的毛坯房。面对我们的来访，他木讷寡言没有笑容。疾病夺走了他眼里的光明，仿佛也夺走了他心里的光明。还有一位中风病人，他见我们来访，本是开心喜悦地拉家常，但当聊起过去的强壮能干，面对一旁照顾自己的老伴，顿时潸然泪下，捶着自己无用的双腿不能自已。

三是现实扶贫更需细致。帮扶对象有一对依靠政府救助、相依为命的母女，母亲80岁高龄，还需照顾患间歇性精神病女儿。村书记说前些日子女儿突然发病，烧了房子，还打了母亲。二人住在山上简陋的房子里，床都是木板搭成，没有一件像样的家具。走访时，高龄母亲从田里劳作归来，她佝偻着背，双目浑浊，向我们介绍家里情况，说到她最担心的是她的女儿。她家里收入依靠低保，母女俩省吃俭用，几乎把所有的钱存下来，给女儿预备将来看病住院的花销。

1987年全国农村贫困率高达97.5%，随着脱贫攻坚的全面推进，2018年全国农村贫困率已骤然降低到1.7%。我们理应看到现实中的希望。救助提供的慰问金及物品虽然只能带来短暂的喜悦与温暖，我们看到仍有不放弃生活的信念。帮扶对象中有一位72岁高龄老人，无亲生子女，还需照顾脑梗卧床的老伴，身患高血压、肾病等多种老年病的他却非常乐观，自力更生，砍柴耕种补贴家用，甚至上山挖草药自己进行切片熬煮。

贫困是个涵义深厚的概念。对一个个体和家庭而言，脱贫也不仅仅是收入的提高，而是幸福感、成就感和社会参与感的整体提升。在基本解决温饱问题后，之后是看得起病、上得起学，接受教育，这样才能最终实现共同富裕的社会主义理想。

相伴成长在路上　爱心大使在行动

——中欧基金公益助学计划有条不紊

中欧基金管理有限公司（简称“中欧基金”）成立以来，发展快速，随着资产管理规模和公司员工数的不断增长，公司亟须寻找到能够体现企业社会责任，并与公司文化相结合的公益项目。在此背景下，“相伴成长礼”公益助学计划，孕育而生。

2019年4月25日，一个平凡的工作日下午3点03分，没有预告、没有预热，营销策划部在公司群中发布了一段中欧基金“相伴成长路”公益助学计划员工捐赠招募的讯息。

赵国英是第一位回复报名的员工，之后很快接上了第二位、第三位……在短短的40分钟内，首期56名员工捐赠的名额就被眼明手快的同事一抢而空，他们也有幸成为中欧基金“相伴成长路”公益助学计划的首批爱心大使，这其中既有公司领导，也有基金经理，更多是普通员工。

随后7月，部分中欧基金助学员工代表，启程前往对口捐助的学校青海贵德县曲丹峪教学点。小学坐落在远离都市的小山村，学校于2017年落成使用，说是教学点，其实是一所规模不小的完全小学。六层的教学大楼巍然矗立，设施齐全的现代化学生宿舍楼屹立其间。先前，中欧基金公司组织员工与贵德贫困牧民子女结对助学活动已开展半年多，暑假里又组织了部分员工子女，成立青海公益助学夏令营，13名幼儿园至小学6年级的儿童在家长的陪护下远赴青海，与藏族小朋友有缘千里来相会。

西宁西南200多公里的贵德县，山峦起伏，绵延百里的山脉或满山绿茵，或黄土裸露，虽然经济发展落后，但水土生态却保持良好的态势。距离县城38公里的常牧镇下岗查村，崇山峻岭，山路崎岖，农牧产业并举，全村居民以藏族人居多，一部分回族牧民混居其间，藏族牧民大都还过着游牧生活。为了解决藏族少年儿童的教育问题，国家投巨资在西部贫困地区兴建了许多寄宿制民族学校，将所在地区农牧民子女集中住校，接受九年制义务教育。

在我们来到之前，学校已经放了暑假，得到上海大朋友要来学校的消息，附近的老师、已放假的学生和家长早早就迎候在学校门口，欢迎远方的客人。有朋自远方来，不亦乐乎！欢迎仪式简朴而热烈，藏族同学为每一位汉族小朋友献上洁白哈达。

在助学过程中，有员工提出，我们能给当地的孩子们带去什么?

答案有很多，知识、欢乐、光明……但更多的答案是希望，对生活的希望。不论生活是苦涩还是甜美，仍是热爱生活，因为对真善美抱有坚定信仰，抱有真诚希望。我们所做的，捐钱、上助教课、举行趣味运动会和绘画比赛，其实只是让他们更多地了解外面的世界，对美好生活埋下希望的种子。

中欧基金所做的，可能有限，可能微茫，但重在有心，重在持之以恒，勿以善小而不为。在“幸福的脚步”绘画比赛中，绝大多数孩子都把“和爸爸妈妈在一起”当成世间最幸福的事，看着他们认真画着和爸爸妈妈一起做的事，吃饭、散步、放风筝等，五颜六色的愿望，让我们几乎潸然泪下。

曲日丹小学校长尕藏卓玛是青海藏区为数不多的女校长，也是贵德县人大代表、副高级小学教师，精通藏汉两种语言文字，师范学校毕业，扎根大山近二十年，大家对她犹生几份敬意。尕藏校长言语间满满是自豪感和感激，感激党和政府的民族政策，为孩子们建了这么好的学校，让孩子们有了圆梦人生、飞出大山的舞台。

临走，一位老师拉着我们的手，希望我们能够帮助两名成绩优异却家境贫寒的学生。他们已升入初中，不再是她的学生，但她仍然关心。她说，这两名学生将来肯定会有出息，但她现在已没有能力教会他们更多，希望我们能够给予这两名学生一些指引。还有曲丹峪教学点小学的孩子们，离别之际偷偷塞给我们亲手制作的小礼物，还邀请我们明年去她们家坐坐，虽然生活艰苦却依然充满热情。

中欧基金“相伴成长路”计划更加注重员工社会责任意识的实践，远赴贫困地区助教接近了员工与孩子们之间的距离。

第三篇
人物扶贫

到2020年全面建成小康社会，是我们党向人民、向历史作出的庄严承诺。“十三五”时期与实现全面建成小康社会奋斗目标的时间节点高度契合，“十三五”规划是全面建成小康社会收官的规划。今后5年党和国家各项任务，归结起来就是夺取全面建成小康社会决胜阶段的伟大胜利，实现第一个百年奋斗目标。

——习近平：《在党的十八届五中全会第二次全体会议上的讲话》

2015年10月29日

为了祖国的花朵

——工银瑞信基金王秋雅公益扶贫

善举的起源是一次扶贫考察之行，在加入基金行业之前的2007年，王秋雅就职于某大学管理研究中心的企业社会责任研究部，所在单位组织了贵州省毕节地区赫章县的扶贫项目。作为具体执行联系人，她带着参与该项目的企业两次前往当地实地考察。当时毕节地区险峻秀美的风景和贫瘠困苦的当地经济发展状况，仍然深深映刻在王秋雅的记忆中。

“由于自然条件恶劣，当地主要农作物和食物来源就是土豆和玉米。我们去的那些偏远学校，孩子们中午自备的口粮就是各自从家里带来的土豆。区别是，家庭略富裕一点的，孩子吃的是用油和辣椒炒过的土豆块，而家庭贫困的孩子每天是用小小编织袋装上一兜烤熟的整颗土豆，囫囵吃饱。下午上课时，孩子们的小脸上都沾着烤土豆表面的炭灰，顶着像小花猫一样的脸，却认真地跟着老师大声朗读课文。”

“我们去得最远一个办学点，村里没有通公路。甚至那也不能称之为教室，一个牛棚改建的课堂，孩子们几张课桌拥挤在牛圈旁边，没有电灯，光线昏暗，学习周边全是阵阵牛粪味。那个时候我就在心里许下承诺，等我有一天有了自给自足的经济能力，一定要为这片土地的孩子做点什么……”

2008年，机缘巧合，王秋雅进入基金行业做机构销售。感激于这份幸运，王秋雅也一直记挂着贵州毕节地区的孩子，她计划拿出一部分积蓄专门资助家庭贫困但是品学兼优的孩子。这个决定得到了家人的支持，接下来就是具体怎么执行。

为了助学资金能直接送到有需要的孩子手中，王秋雅没有通过传统的基金会捐赠方式，她联系了去贵州扶贫考察时认识的毕节地区赫章县威奢乡中心小学的宋老师。这个善意的想法也得到了宋老师的大力支持。在能力范围内，和热心老师认真讨论后，从小学不同年级选定了8个孩子作为初期捐助对象。最初除了捐助的助学款以外，王秋雅还为每个孩子准备了书包和文具，不时邮寄课外图书。在新闻里看到贵州冬季低温难熬时，还为孩子们购置了温暖棉服。当地的老师们也很负责任，会定期告知孩子们的成绩和对他们的期末评语，并到孩子们家里走访，记录他们的生活环境。照片里那破败的房舍和孩子们的笑容，给了王秋雅责任和动力，从2008年开始，这个公益扶贫的行为一直坚持到了10多年，从未间断。

2015年之后捐助对象和具体方式随着国家扶贫行动和当地九年义务制教育的落实推动有所转变，老师考虑到学生的需要，建议王秋雅着重资助成绩优秀有考取大学希望的高中生，因为这些孩子都会离开家集中到县城的高中上学，食宿费是家庭不小的负担。于是她也将资助对象改为家庭贫困及品学兼优的高中生，同等情况下优先资助女孩子。每年高考后，被录取的孩子都会向王秋雅发短信，感谢“王阿姨”多年的捐资助学。即使并不求什么回报，但收到感谢的短信仍然是王秋雅内心最充实满足的时刻。

王秋雅一直说自己是个幸运的人，作为基金行业的一员，职业生涯的成长伴随基金行业的发展，如今她已经是工银瑞信基金的一名中层干部。她捐资助学的金额不断追加，10多年来累积捐助的现金已经超过20万元。此外，她还积极参与新冠抗疫、关爱弱势群体等其他公益项目，不断影响着身边的朋友，关爱孩子，回馈社会。

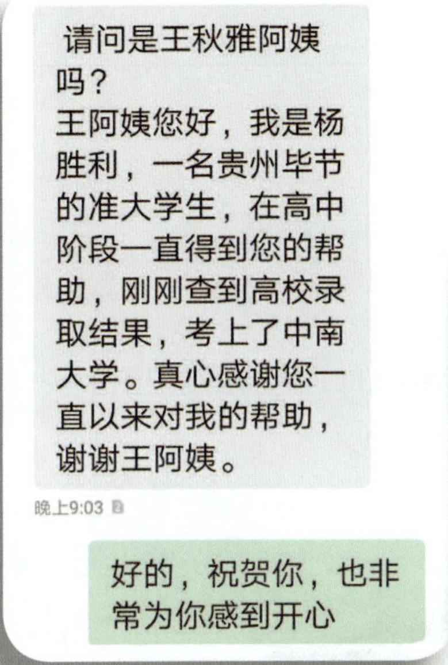

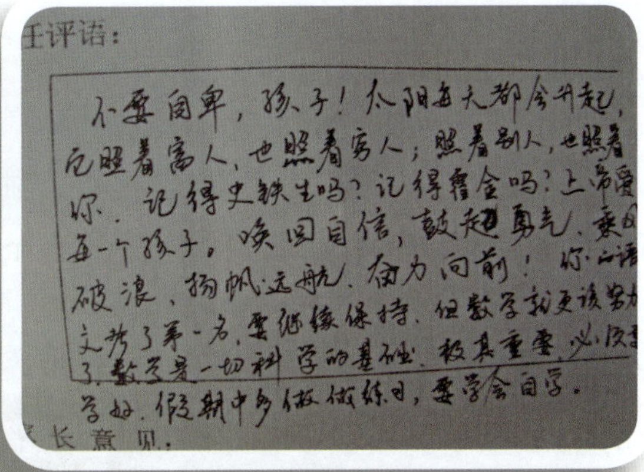
评语：
不要自卑，孩子！太阳每天都会升起，它照着富人，也照着穷人；照着别人，也照着你。记得史铁生吗？记得霍金吗？上帝爱每一个孩子。唤回自信，鼓起勇气，乘风破浪，扬帆远航，奋力向前！你的语文考了第一名，要继续保持，但数学就更该努力了。数学是一切科学的基础，极其重要，必须学好。假期中多做做练习，要学会自学。
长意见：

不忘初心　牢记使命

——国融基金云南扶贫活动感想

2019年5月，国融基金派代表参加了由上海市虹口区金融局组织的云南地区扶贫活动，图片记载了本次活动中几个触动瞬间。

这张图是在去法白村走访的时候进村前拍摄的。像图中的小楼，建筑完工的、正在施工的有很多。有人问，盖得起这种小楼算贫困吗？扶贫干部回答了问题，这些房屋的资金主要来自省里、州里的扶贫资金和社会慈善资金，村民承担一小部分，因为村里原来的房屋都是土坯房，能整固的整固，不能整固的一定要赶在雨季来临前让这部分村民住进新居。2020年是扶贫攻坚的关键年，2 800元每人年收入是脱贫线，为贫困户建座房子，是让他们有一个起码可以遮风避雨的家。

家徒四壁。一眼望去，图中只有三样电器：电饭锅、电灯泡、后下角的冰柜。冰柜是赠送的。老人蹲在门后的旮旯里抽着旱烟。村里的卫生条件极为恶劣，上厕所也给很多女团员造成不小的困扰，村里面的牛粪等饲养的牲畜的排泄物满地都是，空气中也散发着恶臭。

水。水是生命之源。图中这根管道是用来导流雨水的，雨水会流进水窖，村民靠统一发放的杀菌药物来获取可食用水源。要命的是2020年云南干旱，村民的水窖已经空了，只能去花钱买水。据干部们介绍，由于极度干旱，水源实在珍贵，很多农作物的浇灌用水已经停掉了，仅能最低限度保证人的饮用。图片里的孩子，5岁多的样子，脸和手已经黑得看不出模样，她的妈妈已经离开这个家3年多了，外出务工一直未归，家里三个孩子跟爸爸长大，爷爷奶奶都已经过世了。我们翻遍了所有的包，找到了一块糖，她拿过去赶紧放进嘴里，没有笑。

孩子。再苦不能苦孩子，再穷不能穷教育，下面两张图是在一个行政村拍摄的当地小学。这个行政村共由8个自然村组成，8个村的孩子都要到这个小学上学，7个其他自然村的孩子都要住校，学校是希望工程援建的，学校的建筑在整个村子里显得格外突兀，仿佛两个世界。孩子们基本每顿饭都能见到肉。校长介绍，孩子们上学比在家里吃得好；只是住宿条件略微艰苦一点，20个人一个房间，上下床配置，一个床上要睡两个孩子。

国融基金向坝甲村捐赠3万元

“我就是你们的亲戚”

——西安浐灞基金陶锐钊带上老乡上西安，“穷亲戚”摘掉贫困帽子要从转变观念开始

“一年两个月，进山50多次，通过对帮扶对象的不断接触了解，我发现要摘掉贫穷的帽子，除了要帮他们解决生活困难这一问题外，更要帮助他们转变观念，使他们真正认识到授人以鱼不如授人以渔！”

2018年8月2日，为了让帮扶的临潼区房岩村贫困户胡计全夫妇实现这一观念转变，西安浐灞基金管理有限公司（简称“浐灞基金”）扶贫干部陶锐钊决定带他们来一次西安，通过走亲戚、拉家常、看变化的方式，增强帮扶对象的脱贫信心，激发贫困户脱贫致富的内在动力。

一大早，陶锐钊就驱车赶到了胡计全老人家，当老两口得知这位经常上门来的“亲戚”居然邀请他们去西安“走亲戚”后，老俩口瞬时傻了眼，“我们西安有啥亲戚嘞？”

陶锐钊听到老俩口这么一问，笑着说：“胡叔、胡婶，你们真是糊涂了，我就是你们的亲戚呀！”

听到面前这位朴实又热情的帮扶干部这么一说，胡大爷瞬间就湿了眼眶，结结巴巴道：“我就说，咱还真是越走越亲了，有你这么好的亲戚，我就不愁脱不了贫、致不了富了！”

由于家中养的羊和鸡需要喂养照看，老俩口商量后决定让胡计全老人跟着陶锐钊来“走亲戚”。得知这次是专门去浐灞生态区参观城市面貌、河流治理后，老人激动地说：“真有种要去大城市的感觉，非常激动！”

凑巧的是，陶锐钊家就住在灞河旁边。为了让胡计全老人了解周边的美景，他特意将车停在路边，专门带着老人走在灞河岸边。“这是咱灞河最美的风景段之一，前面那就是灞河大桥，正在行驶的那个是咱西安地铁，坐在地铁里面看周边美景更是美不胜收，还有不远处的那个就是著名的长安塔……”

胡计全老人顺着陶锐钊所指的方向一边参观，一边高兴地说：“头一次见到这么宽的河、这么美的桥，之前听人说灞河风景美，今天总算是看到了！”

随后，陶锐钊带着老人来到了自己家中，见到陶锐钊的爱人和孩子早已在门口热情迎接，胡计全老人又犯了“尴尬症”，感动得一时语塞竟不知道该如何是好。

“邀请您来家里做客，您就是我们的亲戚，不要拘谨，也不要别扭，以后呀，我们还会常邀您来的！”陶锐钊一边给老人递上西瓜一边热情地解释，这么一说，老人瞬间就放松了不少。

在陶锐钊家，让胡计全老人感慨的是，一直帮扶他的这个年轻干部，原来还是一位“大学问家”，看到陶锐钊家中大书架里面摆满各种书籍后，老人不禁连连称赞：“这么多的古书，别看你年轻，还真是个大学问家！”

为了避免老人过于拘谨，陶锐钊还特意让四岁的儿子与胡计全老人互动交流，看到老人终于放松下来，也打开了话匣子，他便给胡计全老人认真讲起了党和国家的政策、询问老人现在还有哪些困难、对下半年生活有何打算等等，顺便他还为老人出谋划策。听到好的意见和建议，胡计全老人也连连点头认可。

下午3点钟，陶锐钊又带着胡计全老人去参观浐灞国家湿地公园，当起了老人的讲解员，详细介绍公园的规划布局、建设发展和生物物种。老人听到陶锐钊讲解得如此详细，忍不住再次为他点赞道：“不愧是学识渊博，啥都懂！”

“胡叔，所以说，咱以后还要加强学习，多学新知识、新本领、新技术，我们还要不断转变观念，现在社会发展节奏快，有些思想已经不适应咱的发展步伐了，有时间了就多出来走走看看，看别人的日子怎么过，别人是怎么致富的，看得多、了解得多了，我相信咱的日子也会越过越红火的！”

听陶锐钊这么一说，胡计全老人非常认可地点了点头，笑着对陶锐钊说：“有了你们的鼓励和帮助，我相信我一定会把日子过好，早日摘掉贫穷的帽子，为党和政府减轻负担！”

在夕阳的照耀中，陶锐钊和胡计全老人紧紧站在一起合影留念，他们的脸庞绽放着的微笑，仿佛正在诉说扶贫路上一个温暖而又感人的故事。

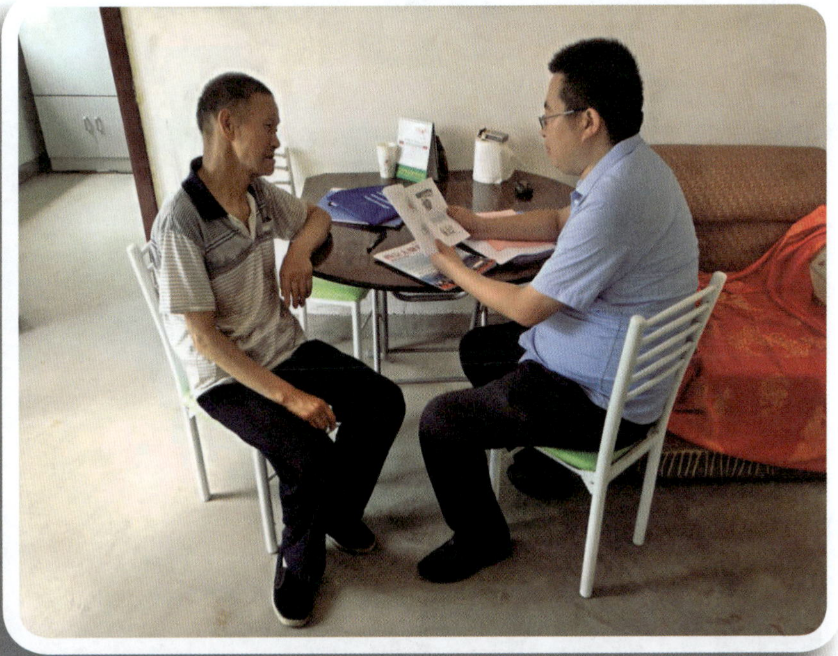

陶锐钊为老人解读扶贫政策

陶锐钊为老两口带去夏季消暑物品

陶锐钊帮胡计全老人盖灶房

“亲戚越走越亲”

——西安浐灞基金谢志东“走亲戚”

2018年8月2日，在这个普普通通的日子里，让家住临潼房岩村的贫困户王建岗老人怎么都想不到是，已经数不清来过他家多少次的西安浐灞基金管理有限公司的帮扶干部谢志东，一大早居然驱车前来要接他和老伴去西安“走亲戚”。这突如其来的邀请，让王建岗老人既感动，又不知所措。

“我是真不知道该说啥好，心中除了惊喜，还有我始终抑制不住的感动！”王建岗老人说，自从帮扶干部谢志东踏进他家门口的第一天起，他和老伴就对这个朴实勤快、学识丰富、热情周到的小伙子信任无比，也是从那一刻起，他下定决心要早日摘掉贫穷的帽子，“因为实在不忍心让他这么辛劳地往这个穷山沟里奔波，说实话，这么一年多来，他就像是我们的孩子一样，他越是对我们好，我们就越心疼他。”

听说谢志东这次专门请了一天假来接他，实在执拗不过，王建岗最终决定答应他来西安走走。老人说：“平时忙着在家务农，听说这次要专门带我去浐灞生态区走走，看看城市面貌和河流治理，说实话，多年以前路过一次浐灞，我还真再想去看看。”

就这样，经过一个小时的车程，谢志东带着老人来到了自己家中。看着干净整洁的房子和早已摆好的水果，老人都不知如何是好。

“王叔，随便坐，就像我去你家一样，咱都是一家人，不要拘谨！”看出老人有点拘谨后，志东一边扶王叔坐在了沙发上，一边又给他递上了切好的西瓜。“咱先在我家坐坐，顺便聊聊最近家里还有啥困难？二季度都有哪些收入？家里的新鲜核桃、蜂蜜卖得怎么样？”

随着话题的一步步深入，王建岗老人聊着聊着也就彻底打开了话匣子，非常感激地对志东说：“我认为啊，扶贫就是扶志！自从你走进我家门开展帮扶工作后，给我们带来了很多新鲜的思想，我们不仅对过好日子的干劲增加了，也有了很多新创收的想法。去年家里养鸡和羊的收入，基本解决了我们的日常花销，核桃和蜂蜜另外还卖了两千多。今年，在营务好农活的同时，年初又多养了几只鸡羊，上半年光卖土鸡蛋的收入就足够日常花销。最近新核桃马上就又能卖了。通过你的介绍，预约蜂蜜的也有好几家，这日子啊，是越来越忙、越来越有奔头了！我估摸着，今年收入要比去年翻一番呢！”

听老人一口气讲述了这么多新的变化，谢志东是既开心又感动，为了让老人脱贫致富的信心更进一步，他又根据自己掌握的相关政策，继续帮老人如何提高下半年收入谋计划、出点子。

早上的时间很快随着俩人的“拉家常”而过去了，中午吃过饭后，志东安排王建岗老人午休了两个小时。下午三点钟，又驱车带老人来到了浐灞生态区湿地公园，并先后参观了六七个不同的景点。

每走到一处，老人都不忘仔细观察一番，并时不时感慨：“这真是个植物博物馆啊，啥树都有，而且还长了这么好，还有火车道都穿过这里，从来没有见过这么大的公园！你看着灞河水多清澈，浐灞的发展变化还真大！”

谢志东听到老人如此感慨，笑着说：“王叔，咱西安还有很多个这样的公园，以后呀，只要您有时间，我会多接你过来几次，争取把所有公园都逛个遍！”

参观完毕后，老人主动要求谢志东和他一起拍照留念，面对镜头的笑容也自然了很多。

一天的时间在欢快的交流中很快就结束了，傍晚时分，谢志东又驱车把老人送回了家。

“志东，这次来西安又逛又吃喝，真是给你添麻烦了！”看着满脸汗水的谢志东，王建岗老人不好意思地说。

“王叔，你可千万不要这么说，咱以后可是亲戚了，说这话可就见外了！”

听到这句话，老人又开心地笑了。

临走时，老人在村口不停地给志东挥手，还不忘大声说：“亲戚真是越走越亲！我们的日子也会越来越好！”

谢志东为老人购买鸡苗

谢志东邀请老人到家做客

谢志东为老人解读扶贫政策